Mit dem ***FAHRRAD*** *rund um* BONN *und den* RHEIN-SIEG-KREIS

Mit dem FAHRRAD rund um Bonn und den RHEIN-SIEG Kreis

Ralph Jansen

Die schönsten Radtouren zwischen Rheinbach und Windeck

J.P. BACHEM VERLAG

Bibliografische Information Der Deutschen Bibliothek
Die Deutsche Bibliothek verzeichnet diese Publikation in der Deutschen Nationalbibliografie; detaillierte bibliografische Daten sind im Internet über http://dnb.ddb.de abrufbar.

2. Auflage 2004

Einbandgestaltung und Layout: Heike Unger, Berlin
Kartenbearbeitung : Barbara Köhler
Titelbild: Katja Mees
Abbildungen Seite 34 und 52: Fritz Schnell
Reproduktionen: Reprowerkstatt Wargalla, Köln
Druck: Druckerei J.P. Bachem GmbH & Co. KG, Köln
Printed in Germany
ISBN 3-7616-1748-8
www.bachem-verlag.de

Hinweis:
Die Adressen und Angaben im Serviceteil des Buches wurden vom Autor sorgfältig recherchiert und vom Verlag überprüft. Wir bitten um Verständnis, dass Verlag und Autor keine Garantie für die Richtigkeit der Angaben übernehmen können. Für Korrekturhinweise sind wir sehr dankbar.

Vorwort

Der Rhein, das Siebengebirge, das Vorgebirge und das Siegtal sind eine Reise wert – wer wird da nicht sofort zustimmen? Doch jeder weiß, dass es nicht nur entscheidend darauf ankommt, wohin man fährt, sondern auch, wie man sich eine Region erschließt. Für Radtouren bieten die Bundesstadt Bonn und der naturkundlich wie kulturell sehr vielfältige Kreis ein ideales Gebiet. Gut erschlossene Wegenetze, abgeschiedene Natur-Passagen, großstädtischer Flair – alles das kann man rund um Bonn im Rhein-Sieg-Kreis auf einer einzigen Radtour erleben, und auch der Spaß-Faktor kommt nicht zu kurz. Dafür sorgen vor allem die zahlreichen Tipps, die die Kollegen von der Lokalredaktion des „Kölner Stadt-Anzeiger" in Siegburg zu geben wussten. Gemeinsam wurden 16 Touren ausgearbeitet, die sowohl die Bedürfnisse von Hobbyradlern, die von sportlich ambitionierten Menschen als auch die von Familien mit kleinen Kindern berücksichtigen. Die Leitlinie bei der Planung und den zahlreichen Erkundungstouren per Rad war: „Wir planen den Touren-Vorschlag so, dass unsere Leser sich einen erholsamen, aber auch kulturell anregenden oder amüsanten Tag in der herrlichen Landschaft an Rhein und Sieg machen können."

Und dabei sind die Kollegen und ich fündig geworden: Burgruinen werden wir besuchen, das stille Plätschern der Sieg hören, eine Talsperre auf beileibe nicht eingetretenen Pfaden umrunden, mit der Fähre über den Rhein fahren, durch die fruchtbaren Hänge des Vorgebirges zum Heimatblick fahren, ein Picknick im Weinberg machen, Spaßbäder besuchen und vieles andere mehr.

Sämtliche Touren wurden 2004 aktualisiert und überarbeitet. Außerdem wurden die Schwarz-Weiß-Fotos durch Farbaufnahmen ersetzt, auch die Karten wurden ansprechender gestaltet.

Der vorliegende Band enthält die Touren, die bereits in der bekannten Serie des „Rhein-Sieg-Anzeiger" veröffentlicht worden sind. Der Autor Ralph Jansen ist beruflich und privat mit der Region verbunden. Als Redakteur des „Kölner Stadt-Anzeiger" betreut er seit acht Jahren die Städte Brühl, Bedburg und Bergheim.

Besonderer Dank gilt den Buchhandlungen Köhl in Brühl, Erftstadt und Zülpich, die bereits entscheidend zur Veröffentlichung der ersten Folge „Mit dem Fahrrad durch den Erftkreis" beigetragen hatten, durch deren Erfolg auch dieses Buch erst möglich wurde.

Vorwort S.5
Tourenübersicht S.6
Übersichtskarte S.12
Einleitung S.13

Tour 1: Durch das Siebengebirge S.16

Dieses bergauf und bergab sollten sich nur geübte Radler gönnen.

21 km

Tour 2: Erholung pur entlang der Sieg S.24

Das Wasser ist bei dieser Tour unser ständiger Begleiter.

19 km

Tourenübersicht

Tour 3: Rast an Ruinen und Spaß im Museum **S.30**

Pausen können zur Eroberung jede Menge alter Gemäuer genutzt werden.

22 km

Tour 4: Rund um die Wahnbachtalsperre **S.38**

Der große See und seine Umgebung sind besonders für Treckingbiker ein Vergnügen.

25 km

Tour 5: Vorhang auf für eine imposante Naturbühne **S.46**

Eisvögel und Zwergponys sind nur zwei der vielen Tiere, die uns auf dieser Tour begegnen können.

20 km

Tour 6: Toller Blick und Brombeerwein S.54

Eine wunderschöne Aussicht auf Bonn und das Vorgebirge belohnt die Radfahrer von allen Strapazen.

24 km

Tour 7: Mit der Fähre über den Rhein S.62

Bei dieser Tour kommen besonders die Angler auf ihre Kosten.

20 km

Tour 8: Aufstieg ohne Fürbitte S.68

Über Serpentinen hinauf schlängelt sich die Straße bis ins schöne Blankenberg.

18 km

Tourenübersicht

Tour 9: Traumhafte Landschaft rund um Hennef S.76

Die grandiose Aussicht über Rosen und Rapsfelder, Berge und Täler zeigt uns die Landschaft von ihrer schönsten Seite.

22 km

Tour 10: Troisdorf erkunden S.82

Bei solch einer gemütlichen Tour bleibt noch viel Zeit für eine oder mehrere der zahlreichen Attraktionen am Wegesrand.

20 km

Tour 11: Rund um Sankt Augustin S.88

Besonders für Kinder bietet diese flache Tour viel Abwechslung.

17 km

Tour 12: „Siehst du den Tempel der Natur ...“ S.94

Landschaft, Landschaft und nochmal Landschaft, Naturliebhaber kommen voll auf ihre Kosten.

20 km

Tour 13: Bergauf, bergab, rund um Much S.102

Wem das Rad allein nicht reicht, der kann am Herrenteich noch eine Runde rudern.

20 km

Tour 14: Immer an der Sieg entlang S.110

Trotz der vielen Kilometer eine ausgesprochen kinderfreundliche Strecke mit viel Abwechslung.

30 km

Tour 15: Von Bad Godesberg ins Drachenfelser Ländchen **S.118**

23 km

Einem langen Aufstieg folgt eine wunderschön entspannende Waldpartie, gekrönt von der grandiosen Aussicht auf Drachenburg, Drachenfels und Petersberg.

Tour 16: Von Rheinbach rund um Meckenheim **S.126**

Viele Burgen, Glas und Töpferkunst laden zum Verweilen ein.

35 km

Serviceteil: Adressen der Highlights und Einkehrmöglichkeiten **S.134**

Übersichtskarte

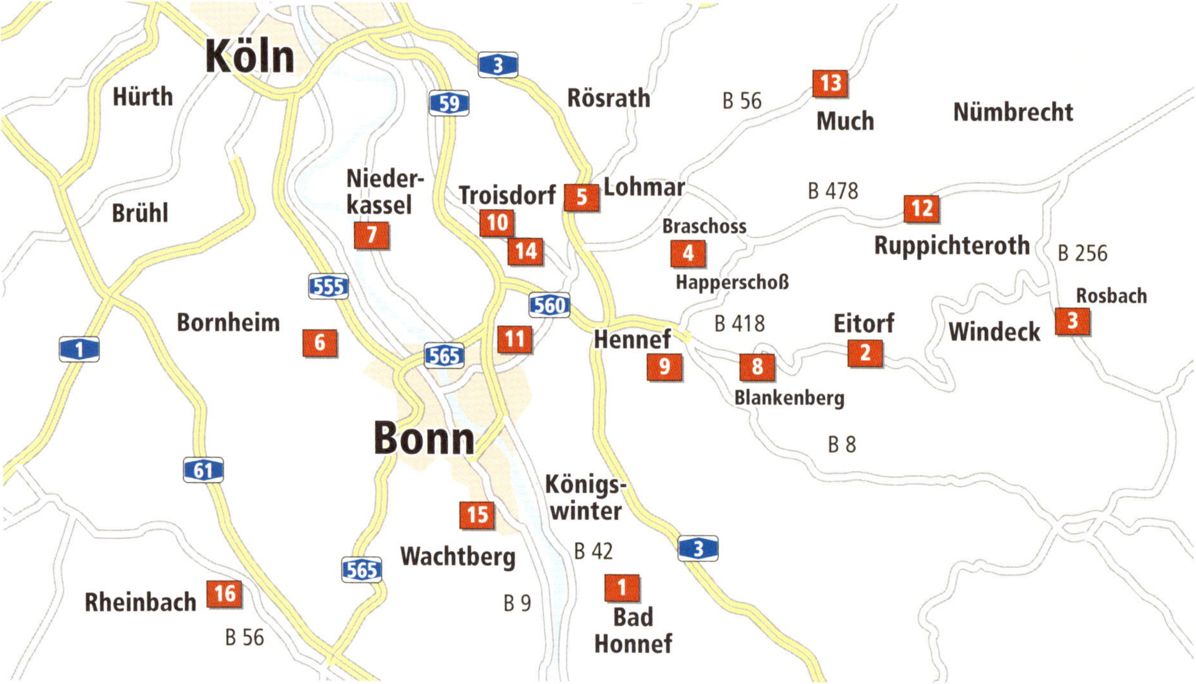

Einleitung

Die vorgeschlagenen Routen sind allesamt als Tagesausflüge konzipiert. Damit die Touren zum großen Teil auch von Kindern bewältigt werden können, wurden in Zusammenarbeit mit den Kollegen der Siegburger Lokalredaktion des „Rhein-Sieg Anzeiger" Rundstrecken ausgewählt, so dass Abkürzungen – bis auf die Seeumrundung – jederzeit möglich sind. Auch bei den angesteuerten Rastpunkten und Attraktionen wurde auf die Interessen von Kindern besondere Rücksicht genommen. Natürlich wurden auch Touren für ambitioniertere Radfahrer in das Buch integriert. Wichtig ist dabei, dass auf Steigungen und ihren Schwierigkeitsgrad detailliert hingewiesen wird, so dass man sich eine Tour nach dem eigenen Geschmack aussuchen kann. An manche sehr leichte Tour kann man problemlos Verlängerungsstrecken anbauen, die auch für kräftige Oberschenkel eine echte Herausforderung darstellen. Interessant ist dieser Führer nicht nur für passionierte Radwanderer, die darum wissen, wie intensiv man eine Region vom Sattel eines Fahrrades aus erkunden kann. Die Zielgruppe umfasst Familien, Fahrradclubs, Naherholungsurlauber aus dem Rheintal, dem Bergischen und Oberbergischen Land, der Eifel, Bonn, Köln, Leverkusen, Wuppertal und dem Erftkreis sowie allen umliegenden Kreisen und Städten, die den Geheimnissen des Siebengebirges, des Rheines und des linksrheinischen Teiles des Rhein-Sieg-Kreises abseits der eingetretenen Pfade auf die Spur kommen wollen.

Den 16 ausgewählten Fahrradtouren in diesem Buch ist jeweils ein grauer Kasten vorangestellt, der die wichtigsten Informationen über die Tour enthält. Zuerst wird der Umfang der Strecke genannt, der stark variiert, damit jeder nach eigenem Ermessen auswählen kann. Kurze Routenvorschläge sind durch Verlängerungsvorschläge ergänzt worden. Weiterhin wird über die Anfahrtsmöglichkeit informiert. Die Strecken beginnen nach Möglichkeit an einem Bahnhof oder einer Bushaltestelle. Dort befinden sich auch Parkplätze, so dass diese Startpunkte sowohl für Autofahrer, als auch für ÖPNV-Benutzer gelten. Sollten durch eine Tour besondere Ansprüche an die Fahrer oder das Fahrrad gestellt werden, so wird dies unter dem Punkt „Bemerkung" im grünen Kasten vermerkt. Wenn keine näheren Angaben zu Steigungen gemacht werden, ist die Strecke auch von Kindern zu bewältigen. Nicht alle Touren sind mit schmaler Rennrad-Bereifung zu meistern, doch ein Tourenrad, Trecking- oder Mountainbike ist für jede Strecke gerüstet. Der Kasten weist desweiteren auf Highlights am Wegesrand hin. Das können historische Gemäuer ebenso wie Museen oder ein Badesee sein. Außerdem gibt es noch Tipps zu Einkehr-Möglichkeiten auf dem Rundkurs.

Im Text erfolgen dann eine lückenlose Wegbeschreibung und Informationen über die Sehenswürdigkeiten links und rechts der Wegstrecke. Am Ende jeder Tourenbeschreibung findet sich eine Karte, die die Orientierung erleichtern soll. Die reine Fahrtzeit für jede Strecke schwankt zwischen einer und drei Stunden. Allerdings sollte man sich von diesem Maß nicht leiten lassen, wenn man einen Ausflug plant, denn: Jede Tour berührt interessante Aussichtspunkte, Schwimm- oder Seebäder, Freilichtmuseen, Denkmäler oder Wildfreigehege, allesamt Attraktionen, die zum Verweilen einladen oder es gibt auch die unbekannten Schönheiten des Bergischen Landes zu entdecken: Wunderschöne Ausblicke auf den Weinbergen und den anderen Höhenzügen der Region, plätschernde, klare Flüsse und Bäche, sowie naturkundliche Erläuterungen, für die man das Rad mal für einen Moment stehen lassen kann. Wenn man die Hauptstraßen verlässt und nur einige Minuten in die stillen Dörfer oder in einen der ausgedehnten Waldbereiche hineinfährt, offenbart das Siebengebirge seinen Charme. Dass man auch wieder hinaus findet, dafür sorgt eine lückenlose Wegbeschreibung kombiniert mit einer nützlichen Karte. Außerdem werden oft Orte genannt, an denen man herrlich picknicken kann – deshalb ist es wenig sinnvoll, eine genaue Gesamtdauer der einzelnen Touren angeben zu wollen. Das ist jedem freigestellt. Ein wenig Zeit sollte man sich schon nehmen, denn: Es soll schließlich ein richtig schöner Tag – mit oder ohne Kind und Kegel – werden und kein Wettrennen.

Im Anhang finden sich Öffnungszeiten und Besonderheiten der in den Texten genannten Highlights der 16 Touren sowie eine Auflistung ausgewählter Einkehrmöglichkeiten. Das Format und die Ring-Heftung dieses Buches sind das Ergebnis von Absprachen mit dem Allgemeinen Deutschen Fahrradclub und Fahrrad-Beauftragten verschiedener Städte und Kreise. Dieses Buch passt in jeden Kartenhalter fürs Lenkrad, aber auch in jede Jackentasche. Es ist ein ebenso praktischer wie hilfreicher und vor allem leicht benutzbarer Wegweiser durch eine für Radfahrer noch weitgehend unerschlossene Region im Schatten der Städte Köln und Bonn. Es bleibt, viele schöne Tage in einer der abwechslungsreichsten, kulturell sehr gut erschlossenen und nicht zuletzt kinderfreundlichen Region an Sieg und Rhein zu wünschen.

Tour 1: Durch das Siebengebirge

Strecke: 21 Kilometer

Anfahrt: Bahnhof in Bad Honnef oder S-Bahn-Haltepunkt an der Insel Grafenwerth

Bemerkungen: Nur für Cross-Rennräder, Mountain- oder Treckingbikes geeignet

Highlights: altes Rathaus von Bad Honnef, Drachenfels, Ruine der Löwenburg, Rhöndorfer Waldfriedhof, Rhöndorfer Altstadt, Gedenkstätte Konrad Adenauers,

Essen und Trinken: altes Rathaus von Bad Honnef, Hotel-Restaurant Löwenburger Hof, Biergarten auf der Insel Grafenwerth

Königsetappe nur für geübte Fahrer

Heute kommen alle jene zu ihrem Recht, denen die bisher veröffentlichten Touren nicht anspruchsvoll genug waren. Dieser Vorschlag wendet sich an alle Mountainbiker, geübte Trecking- und Waldwegefahrer, denen Steigungen Spaß machen und die Radfahren als schweißtreibendes und spannendes Freizeitvergnügen lieben. Start und Ziel unserer Tour ist entweder der **Bahnhof in Bad Honnef** oder der nahe gelegene **S-Bahn-Haltepunkt an der Insel Grafenwerth**. Vom **Bahnhof** aus fahren wir **links** auf die **Brücke** hinauf, dort **rechts Richtung Bad Honnef**. Nach ganz kurzer Fahrt wieder **links** in **Richtung Krankenhaus**, **Gabelung rechts**, dann **geradeaus** und an der nächsten **Gabelung** wieder **rechts**. Wir sehen das wunderschöne **alte Rathaus von Bad Honnef**, das heute ein Fachwerk-Gasthaus mit herrlicher Außengastronomie ist. Weiter nach **rechts** auf die **Bergstraße**, eine Einbahnstraße, die aber für Radler freigegeben ist. Jetzt geht es sehr steil bergauf – und das eine ganze Weile. Nach links dringt der Blick durch die Bäume und gibt Blicke auf das herrliche Rheintal im Siebengebirge frei. Wenn wir es schaffen, Haus Hohenhonnef – einem Wohnheim für geistig Behinderte – ohne abzusteigen zu erreichen, haben wir die Nagelprobe für

Die Tour bietet manch schönen Blick auf den Rhein

Blick auf den Drachenfels

Bild rechts: Weinberge im Rheintal

die heutige Tour bestanden. In **Hohenhonnef** nicht dem Rechtsbogen folgen, sondern **geradeaus** bergauf **zwischen den beiden Gebäudetrakten hindurch**, dann an einem kleinen Privatparkplatz vorbei und hinter der Schranke auf den **Waldweg**, auf dem uns mitunter schweißüberströmte Mountainbiker entgegenkommen. Eine Bank lädt zu einer Rast und einem Schluck aus der zwingend erforderlichen Fahrradpulle ein (Apfelsaft/Wasser empfiehlt sich immer). Wir genießen die Pause und noch mehr den fulminanten Anblick des steilen **Drachenfels** und des Rheins. Das Tuckern der Rheinkähne dringt bis hinauf, obwohl wir schon weit oberhalb der Weinberge angelangt sind. Weiter bergauf gelangen wir an eine **Gabelung** mit einer Karte und einem **Holzhäuschen**. Dort fahren wir **links** und folgen den Hinweisen **Richtung Löwenburg**, die auf Findlingen geschrieben sind. An der nächsten Gabelung **rechts** Richtung **Löwenburg/Margaretenhöhe**. An der Kreuzung **links** bergauf über Waldwege. Wir merken uns, dass wir zur Löwenburg **stetig** weiter **bergauf** fahren müssen, auch wenn Wege auf unseren stoßen. An einer Gabelung, an der beide Wege bergauf führen, nehmen wir den **linken**, der uns nach kurzer Zeit auf geteertem Grund zum **Hotel-Restaurant Löwenburger Hof** führt. Vom Teerweg nach **rechts am Restaurant vorbei** machen wir einen **Abstecher** zu der **Ruine der Löwenburg** – die Königsetappe der heutigen Tour. Zunächst geht es an einer Gabelung **rechts** in den Wald hinein, dann **um den Gipfel** herum und plötzlich **ganz scharf rechts** an einer Schranke vorbei extrem steil hoch. Nur ganz wenige werden diese Passage schaffen, deshalb schieben wir ein Stück. Immer weiter bergauf windet sich der Weg zur **Burg auf dem Gipfel**. Ob sich diese Anstrengung wirklich lohnt? Nun: Wenn man sich ein wenig so fühlen möchte wie ein Ritter, der soeben eine Burg erobert hat, der sich schwer schnaufend auf die Brüstung der Burg lehnt und voller Stolz über das weite Land blickt – und über eine Kondition verfügt, die solche Bergritte überhaupt ermöglicht – dann ist das ein „saugut-

Sonnenblumen weisen den Weg

er“ Moment, wenn nicht der beste dieser Tour. Bronzetafeln informieren kurz über die wichtigsten Zusammenhänge des Burgbaus aus dem 12. bis 14. Jahrhundert. Man erkennt den Zwinger, die Zisterne, den Bergfried und die Tore – und möchte so gar nicht mehr Abschied nehmen von diesem ebenso stillen wie herrlichen Flecken. Doch nun folgt der für jeden Mountainbiker ebenso heitere Teil der **steilen Abfahrt**. Nun ist Geschick gefragt, denn für die steilen Waldwege gilt: „Gut gebremst genießen.“ Wir fahren **zurück zum Restaurant** und dann nach **rechts Richtung Margaretenhöhe**. Wir folgen dem erstklassigen **Teerweg** durch das Naturschutzgebiet Siebengebirge, der sich zunächst bergauf, dann hinab durch den Wald schlängelt, bis wir in **Lahr** an eine **Schranke** kommen. Hinter der Schranke geht es **links** an einem Forsthaus auf den Weg **Richtung Drachenfels**. Der Weg führt an einem Wildgatter vorbei, hinter dem man Dam- und Rehwild beobachten kann. Einer der stillen Höhepunkte erwartet uns nach einigen hundert Metern auf der linken Seite, nämlich der **Grillplatz im ehemaligen Steinbruch**, bei dessen Eingang Caspar David Friedrich Pate gestanden hat. Wer grillen möchte, muss sich unter der Telefonnummer 0228/213006 anmelden. Weiter geht die Fahrt bergab Richtung Drachenfels, dann **links** dem Wegweiser folgend zum **Rhöndorfer Waldfriedhof**. Der Waldweg ist eine Pracht. Kilometerlang zieht er sich bis

Rhöndorf. Der steile Hang ist mit uralten Bäumen bewachsen, in deren Kronen sich das Licht bricht. Der Friedhof ist in unregelmäßigen Abständen ausgeschildert. Nun gilt: **Immer bergab**. An einer Kreuzung steht eine Hütte, dort geradeaus Richtung Friedhof (1,2 Kilometer). Wir radeln noch ein Stück weiter, bis wir links durch die Bäume den Rhein schimmern sehen. Achtung, aufgepasst: An einer **Bank** steht ein **Findling**, da **ganz scharf links**, dann schieben wir ein kurzes Stück **Richtung Friedhof**, dann hinter der **grünen Schranke rechts**. Wir machen einen kurzen **Abstecher** auf den **Weg oberhalb des Weinbergs** und genießen die **Aussicht** auf die **Insel Nonnenwerth** und **Rhöndorf** mit seinen benachbarten Weinbergen. **Wieder zurück** und **rechts Richtung Rhöndorf** abbiegen. Der Turm linker Hand ist ein Gefallenendenkmal. An der Gabelung **links vom Rhein weg** über einen Teerweg, dann an der Gabelung **im Wohngebiet links** hoch dem Bach folgen zum **Waldfriedhof**. Der Weg zum Grab des ersten deutschen Bundeskanzlers Konrad Adenauer ist mit roten Pfeilen ausgeschildert.

Am Bach entlang fahren wir die **Löwenburgstraße** ins **Rhöndorfer Altstädtchen** mit seinen toprestaurierten und dennoch mitunter so herrlich windschiefen Fachwerkbauten hinein. **Links** geht es (Schild beachten) in ein ganz **enges Gässchen**, das später zur **Konrad-Adenauer-Straße** wird und zur **Gedenkstätte des Altkanzlers** führt. Privates und politisches Leben des Staatsmannes werden im Adenauer-Haus beleuchtet.

Wir fahren die Straße weiter, über eine Querstraße hinweg auf einen Rad-/Fußweg, dann bis zum **Ende der Wolkenburgstraße** mit ihren tollen Villen am Hang entlang, dann **rechts** auf die **Straße Messbeuel** bis hinunter zum prächtigen Anwesen der Elly Böcking Hölterhoff Stiftung – gestiftet für unverheiratete Professorentöchter – heute genutzt von der Deutschen Physikalischen Gesellschaft. Nach **links** auf den Radweg an der großen Straße, dann **rechts** in die Einbahnstraße (**Luisenstraße**, Radfahrer frei) an der schönen **evangelischen Kirche** und der **evangelischen Rheinklinik** vorbei bis zur Gabelung. Dort **rechts** und an der **Vorfahrtstraße** wieder **rechts** an zahlrei-

Gedenktafel

Beschaulichen Charme genießen wir auf den ersten Metern

chen Restaurants vorbei bis zum **Bahnhof** zurück. Auf der **Insel Grafenwerth**, die hinter dem Bahnhof liegt, haben wir die Wahl zwischen einem Biergarten mit Rheinblick, einem Hafenspaziergang, Spielplatz, Basketball- oder Fußballplatz. An kalten Tagen können wir ins Hallenbad gehen. Fazit: Die rund 21 Kilometer lange Tour ist ausschließlich für sportliche Fahrer gedacht – für die aber durchaus Herausforderung und Erlebnis zugleich, denn selten sind Naturschönheiten und Sehenswürdigkeiten so eng beieinander zu finden wie im Naturschutzgebiet Siebengebirge. Die Löwenburg ist ein echter Hit – die Tour zum Drachenfels kennen die meisten ohnehin schon. Nur Cross-Rennräder, Mountain- oder Treckingbikes kommen in Frage.

Ittenbach
Wild-
gehege
Ruine
Löwenburg
L 144
1 km
Beuel
Bad Honnef
Rommersdorf
Bondorf
Start/Ziel
Bahnhof
Wald-
friedhof
Rhöndorf
L 331
N
42
Rhein
Grafen-
werth

Tour 2: Erholung pur entlang der Sieg

Strecke: 19 Kilometer

Anfahrt: Bahnhof von Windeck-Dattenfeld

Highlights: Ruder- und Tretbootverleih bei Herchen, Bolzplatz in Herchen, Minigolfplatz, Naturdenkmal: Eichen in Windeck-Stromberg, Hermann-Weber-Bad in Eitorf

Essen und Trinken: Terrasse in Herchen, Kiosk/Imbiss beim Naturdenkmal

Unter 300 Jahre alten Eichen ist gut rasten

„Pack' die Badehose ein" – dieses Motto gilt für die heutige Radtour an der Sieg entlang. Wir werden: Eis essen, Tretbötchen fahren, Minigolf spielen und zum Abschluss der keineswegs anstrengenden 19 Kilometerchen, die mit jedem Rad leicht zu bewältigen sind, ausgiebig planschen. Start und Ziel ist der **Bahnhof von Windeck-Dattenfeld**. Er liegt nicht direkt im Ort Dattenfeld, sondern im **Nachbardorf Wilberhofen**. Mit dem Auto aus Richtung Hennef kommend fährt man von der Landstraße 333 links nach Wilberhofen ab, hält sich dann rechts und nach einer Weile wieder rechts hinab zum Bahnhof, wo sich auch ein großer Parkplatz befindet. Über eine für Radfahrer gut befahrbare **Rampe** gelangen wir durch eine **Unterführung im Bahnhof** an die **Bushaltestelle an der L 333**. Dort fahren wir nach **rechts** und sehen schon links unter uns den **Radweg am Siegufer**. Nach wenigen hundert Metern bietet sich die Gelegenheit, von der doch recht stark befahrenen Straße hinab zum Radweg zu gelangen. Vorsicht beim Überqueren der Landstraße! Obwohl die Straße gar nicht so weit entfernt ist, umfängt uns nun eine andere Geräuschkulisse. Die Sieg fließt recht munter neben uns her. Man vernimmt ihr Plätschern, hört die vielen Vögel singen und nur ganz ab und zu

Auch die Eisenbahn quert den Weg

Und zum Abschluss eine Abkühlung im Schwimmbad

nimmt man noch ein Auto wahr. Den meisten wird die Straße auch deshalb nicht mehr so auffallen, weil der Blick tendenziell immer nach schräg links vorne gerichtet ist. Dort sehen wir die Sieg, die Felder am gegenüberliegenden Ufer und die Hügel- und Bergrücken in der Ferne. Ab und an radeln wir an einem Angler vorbei, der in Regenkleidung am Siegufer ausharrt. **Herchen** ist vom Dattenfelder Bahnhof aus gut fünf Kilometer entfernt. Es werden ganz entspannte Kilometer werden, wie am gesamten heutigen Tag. Es wird überhaupt keine Steigung geben. Das sei schon jetzt versprochen. Vom Rad aus schauen wir den Schwalben zu, wie sie am Ufer Lehm sammeln und artistisch im Flug Wasser aus dem Fluss aufsammeln, das, vermischt mit Lehm und dem Speichel der Tiere, die überaus haltbaren Schwalbennester ergibt, die man unter den Dachwinkeln oft findet.

Bis **Hoppengarten** fahren wir sehr entspannt die Sieg hinab. Dann werden wir recht jäh aus unseren Tagträumereien gerissen, denn nun müssen wir wieder **hoch auf die Straße**. Vielen Menschen im Rhein-Sieg-Kreis sind die Unterbrechungen des Sieg-Radweges ein echtes Greuel. **Gegenüber** der **Fachwerk-Bushaltestelle Röcklingen** geht es wieder von der Landstraße 333 zurück auf einen **Fahrradweg**, der direkt **rechts von der Brücke zum Dorf** (hinter der anderen Bushaltestelle) beginnt. Schon bald kann die Seele wieder baumeln – schließlich folgt eine wunderschöne Strecke bis nach **Herchen**. Dort passieren wir einen **Bolzplatz** (Ball/Federball/Frisbee-Scheibe nicht vergessen). Man kann auch ein Picknick einplanen, aber es kommen noch viele Gelegenheiten. Dann geht es an einem Fußballplatz vorbei. Auf einem leicht angestauten Sieg-Abschnitt kann man Ruder- oder Tretboot fahren. Das passt zu unserem erholsamen Tag. Das touristische Angebot unseres heutigen Familienausfluges in dem „staatlich anerkannten Erholungsort" Herchen umfasst weiterhin einen Minigolfplatz und eine schöne Terrasse – ein netter Platz für ein Eis am Stiel oder einen Kaffee. Im „Haus des Gastes" finden regelmäßig kulturelle Veranstaltungen statt. Im **Rechtsbogen** hoch **zum Park** erreichen wir bald die **Brücke**, die uns zur **anderen Sieg-Seite** bringt. Gleich dahinter **rechts** auf die **Straße „In Übersehn"** an einem hübschen Fachwerkhof vorbei, dann wieder **rechts** zum geteerten **Radweg an der Sieg**, von dem Autos mit Schranken ferngehalten werden. Bachstelzen suchen zwischen Dotterblumen nach Futter. Wunderschöne Blumen wachsen am Flussufer. Mitunter gelangt man an den kiesigen Flussrand ganz dicht heran. An der **Tennisanlage** fahren wir **links Richtung Eitorf** weiter. Der ausgeschilderte Weg führt über eine **Brücke**. Dann in einem Bogen wieder **links** hinab zum **rechten Ufer der Sieg**. Unter der **Eisenbahnbrücke** geht es weiter nach **Stromberg** und **Eitorf**. Immer an der Sieg entlang erreichen wir **Windeck-Stromberg**. In einem

Gute Radwege leiten uns sicher an der Sieg entlang

Park dort finden sich 30 Eichen, die bis zu 300 Jahre alt sind und deshalb als Naturdenkmal unter Schutz stehen. Bänke laden unter den Baumriesen zu einer Rast ein. Rechts wird Speiseeis angeboten, etwas weiter finden sich Bolz- und Spielplatz. Einen **Kiosk/Imbiss** gibt es ebenfalls.

Nach der Rast im Eichenhain fahren wir auf das **Wasserkraftwerk Unkelmühle** zu, das von RWE betrieben wird. Wir bleiben auf der rechten Sieg-Seite, fahren **unter der Brücke** nach **Eitorf-Alzenbach** her. Anschließend gelangen wir im **Ortsteil Halft** zu einer **Hängebrücke** aus Stahl für Fußgänger und Radfahrer. Aber auch die benutzen wir nicht, sondern **unterqueren** sie. Der Radweg mündet schließlich nach langer Fahrt durch die Sieg-Auen auf eine **Vorfahrtstraße im Ortsteil Kelters**. Dort **links** auf den Radweg und über die **Brücke** hinein ins **Eitorfer Zentrum**. **Vor dem Bahnübergang rechts** gelangen wir zum modernen **Hermann-Weber-Bad** von Eitorf, das uns bei jedem Wetter einen schönen Ausklang unserer heutigen Tour garantiert. Das Bad verfügt über einen Kleinkinder-Bereich mit Elefantenrutsche, Wasserspeier und Schiffchenkanal, ein Erlebnisbecken mit Wildwasserkanal, Sprudelliegen und Massagedüsen sowie ein beheiztes Außenbecken. Außerdem gibt es Sonnenbänke, einen Beachvolleyball-Platz und natürlich die Attraktion: eine 60 Meter lange Rutsche.

Vom Ausgang des Bades nach **rechts** über eine **kleine Brücke**, dann **geradeaus** und **halblinks** über die Bahngleise, **links** und wieder auf **Eitorf** zu. Am Anfang des **Bahnhofs links** gelangt man gleich auf den Bahnsteig. **S-Bahnen mit Fahrradabteil** fahren unter der Woche zweimal pro Stunde nach **Dattenfeld**. Wenn einer zum Auto zurück fährt, um den Rest der Familie aus dem Bad abzuholen, lassen sich Kosten sparen.

Bild links:
Altstadtpanorama

N
Rankenhohn
Wilberhofen
Bahnhof
Start
Hoppen-
garten
Dattenfeld
Röcklingen
Sieg
Bohlscheid
Dreisel
Geressen
L312
Ziel
L317
Herchen
L312
Sieg
Saal
Werfen
Bahnhof
Herchen
Leuscheid
Eitorf
L333
2 km
Nieder-
Alsen
Stromberg

Tour 3: Rast an Ruinen und Spaß im Museum

3

Strecke: 22 Kilometer

Anfahrt: Bahnhof in Rosbach

Highlights: Rosbacher Freibad, Laurentiuskirche, Postagentur Lütz, Kinderspielplatz bei Dattenfeld, Heimatmuseum von Alt-Windeck, Windecker Burgruine, Wasserfall, Burg Maue

Essen und Trinken: Gasthöfe in Dreisel, Weinlokal und Biergarten bei Burg Mauel

Tour durchs Windecker Ländchen für den robusten Radtouristen

Unser heutiges Angebot: Ein Wasserfall, ein interessantes Museum, ein Schwimmbad, Spielplätze, eine fantastische Feld- und Wiesenlandschaft, eine urige Burgruine und ausgewählt schöne Einkehrmöglichkeiten. Start und Ziel ist der **Bahnhof in Rosbach**, an dem sich auch ein großer Parkplatz befindet. Vom Bahnhof aus fahren wir auf die **evangelische Kirche** zu. An der **Rathausstraße rechts** und **hinter der** weiß-gelben **Kirche** wieder **rechts über die Sieg**, dann gleich wieder **rechts unter der Bahnbrücke** hindurch auf die **Lindenpützer Straße**. Der Radweg führt auf das Rosbacher Freibad zu. Diesen Ort merken wir uns als möglichen Tour-Ausklang, gilt es doch zunächst eine recht lange Steigung zu meistern. Von der Lindenpützer Straße haben wir einen wunderschönen Blick auf das Siegtal und Rosbach. An der Vorfahrtstraße **links Richtung Lenscheid** auf die **gleichnamige Straße**. **Durch Roth** hindurch gelangen wir so zur **Rettungswache** an der **Kreisstraße** 7. Wir **überqueren** die Kreisstraße und fahren **Richtung Locksiefen** weiter bergauf. Zwischen Wald und Feld geht es zunächst weiter nach **Saal**. Es herrscht kaum Verkehr, nur von der Kreisstraße

Fliegenfischer stehen im Fluss

Müde Füße kann man im Fluss kühlen

hört man mitunter Autogeräusche. Zu unserer Rechten ein wundervoller Blick auf das Siegtal, links ein sanft gewellter Höhenzug. Pferde schauen von den Koppeln zu uns auf. In **Locksiefen** verbellt ein großer Hund die Radler – zum Glück bleibt der hinter dem Zaun. An der **Bushaltestelle links** auf den **Locksiefener Weg** hinunter. Wir kommen an einem Spielplatz vorbei. An der nächsten Gabelung **links** hinunter **Richtung Leidhecke**, die **Nächste rechts**, dann **links**, über eine **Brücke**. An der nächsten Gabelung **links** bergab, dann bleiben wir auf dem **Teerweg**, danach wieder **links**. Am **Briefkasten in Leidhecke links**, vorsichtig bergab auf dem **schmalen Weg** und weiter über eine **kleine Brücke** und eine Kreuzung geradeaus. An der **Gabelung am Strommast rechts** durch den **Wald** bergauf. Eine Bank unter einer Eiche lädt zu einer Rast ein. Ein Reiher fliegt erschreckt auf. Es herrscht Stille über den Weiden, denn wir hören unseren eigenen Atem und das Surren der Kette auf den Zahnkränzen. An der nächsten **Gabelung links** bergauf. Von dort oben hat man einen tollen Blick über die vielen saftigen Weiden. Der Teerweg beschreibt nun einen **Linksbogen** und stößt auf eine **Kreuzung**, dort **rechts**. Nun geht es über Serpentinen bergab. An der Vorfahrtstraße **links** auf die **Rother Straße** (K 23), die uns in schneller Abfahrt wieder zur **Rettungswache** hinunter und dann durch den Wald an Teichen vorbei bis nach **Helpenstell** führt.

In **Dreisel** kommen wir am Sportplatz hinein. Ein geschnitztes Holzschild begrüßt die Gäste, in der Nähe findet sich ein Spielplatz. Handbemalte Tafeln mahnen die Autofahrer nicht zu rasen. Viele fein hergerichtete Fachwerkbauten geben ein Beispiel für die touristischen Ambitionen des Windecker Ländchens. Gasthöfe sind ausgeschildert. Über die **Siegbrücke**, dann **links** auf den Radweg am Siegufer **Richtung Dattenfeld**. Durch die grüne Idylle fahren wir ein gutes Stück. An der nächsten Gabelung müssen wir **rechts** hoch auf den **Weg „Am Fischhäuschen“**, danach **rechts** auf die **Alte Schulstraße**, der wir bis zur herrlichen **Laurentiuskirche** folgen – dem „Siegtal-Dom“, wie er genannt wird. Warum dieses prächtige Bauwerk, das schon im frühen Mittelalter erwähnt worden ist, so heißt, sieht man auf den ersten Blick an den zwei großen Türmen – einzigartig in der Region. Der Unterbau des linken Turmes gehörte zu einer romanischen Kirche. Die neoromanische Bruchstein-Basilika entstand in den Jahren 1879 bis 1880. Bemerkenswert an der Laurentiuskirche ist der weit über 1000 Jahre alte Trachyttaufstein im Inneren. Wir rollen den Rest des Weges bergab und sehen vor uns die denkmalgeschützte **Postagentur Lütz**, ein gut erhaltener Fachwerkbau aus dem Jahr 1632.

Wir fahren vom Siegdom aus gesehen **rechts** auf die **Landsraße 333**, die Durchgangsstraße von Dattenfeld, dann nach **links** auf die **Win-**

Windecker Burgruine

Helme schützen

decker Straße aus dem Ort hinaus. Es geht **über die Bahn Richtung Alt-Windeck**. An einem Kapellchen befindet sich ein ausgesprochen hübscher Kinderspielplatz, der sich auch ausgezeichnet für ein Picknick eignet. An der nächsten Gabelung **rechts**, dann ist das wunderschöne **Heimatmuseum von Altwindeck** auch schon ausgeschildert (Vorsicht: nicht den Berg hochfahren). Hier sind liebevoll Stücke zusammen getragen worden, man kann durch den Garten stöbern. Liebevoll ist auch die Betreuung durch die Museumsbetreiber. Keine Frage bleibt unbeantwortet – so erhält Heimatgeschichte Erlebnischarakter – und dann machen Museumsbesuche auch Kindern (und Erwachsenen) viel mehr Spaß.

Weiter **bergauf** nun zur Krönung der heutigen Tour: der **Windecker Burgruine**. Das letzte Stück vom Parkplatz zur Burg müssen wir schieben. Ein magischer Platz, ob im strömenden Regen oder bei Sonne, denn von der Höhe, die wir nun mühsam erklimmen, haben wir uns einen tollen Blick auf das Siegtal verdient. Und die teilweise begehbare Ruine lässt trotz ihrer Beschädigungen noch immer den Geist vergangener Zeiten erahnen. Zurück am Parkplatz vorbei und dann geradeaus weiter über den **Teerweg**, der später **Burg-Windeck-Straße** heißt, in den **Wald** hinein. Auf dieser Straße bleiben wir. Bevor sie zur Einbahnstraße wird, fahren wir **links** auf die **Bodenbergstraße**, sofort wieder **rechts** auf den **Falkenweg** und dann hinter der Kirche von Schladern vorbei. Dann **rechts** auf den **Amselweg**, an der Gabelung **links** und an der **Vorfahrtstraße** wieder **links**. Etwa am **Ende des Ortes** geht es nach **rechts** hinab zu einer **Eisenbahnbrücke** – (von dort aus können wir einen **Abstecher** zu dem bekannten **Wasserfall** machen). Gleich neben der Eisenbahnbrücke befindet sich eine **Fahrradbrücke**, die nehmen wir nach dem Abstecher, um nach **Rosbach** zurück zu kommen. Der Weg führt auf die **Preschlin Allee**, die uns an der schönen **Burg Mauel** mit einem sehr netten Weinlokal und einem Biergarten vorbei führt. Dann **links „Zur Maueler Mühle“** und wieder **rechts** ab **„Zur Maueler Mühle“** – das mag sich widersprüchlich anhören, aber es ist eben so in Mauel. **Unter der Brücke** hindurch und dann aufpassen: Wir nehmen den **zweiten Weg** nach **rechts**. Der ist auf der Straße **mit weißer Farbe angezeigt**, da er sonst nicht so leicht zu finden wäre.Vorsichtig geht es über einen

Der Baum als Schutzschirm

Weite Blicke über das Windecker Ländchen

bergab auf die **Raiffeisenstraße**, die wir bergauf weiter fahren, danach **rechts** auf die **Marktstraße** und schon bald sind wir wieder am **Bahnhof von Rosbach**. Fazit: Die Strecke ist dann anspruchsvoll, wenn man sie ganz abfährt. Wer Kräfte sparen und sich lieber auf die vielen Höhepunkte unserer heutigen Kurzreise durch das schöne Windecker Ländchen konzentrieren möchte, dem ist sicher nicht entgangen, dass die Tour die Form einer Acht hat. Wer an der Rettungswache also nicht geradeaus, sondern gleich nach rechts bergab fährt, spart sich Steigungen, verpasst aber die unvergleichlich schöne, ursprüngliche Feldlandschaft des östlichen Rhein-Sieg-Kreises. Robust bereifte Rennräder sind geeignet für diese knapp 22 Kilometer lange Tour, ansonsten alle gut geschalteten Radtypen.

Waldweg bergab zu einer weiteren **Brücke**. Direkt neben den Gleisen her geht es über ein Stahlgestänge – nichts für schreckhafte Naturen, wenn gerade ein Zug vorbei donnert. Hinter der Brücke geht es steil

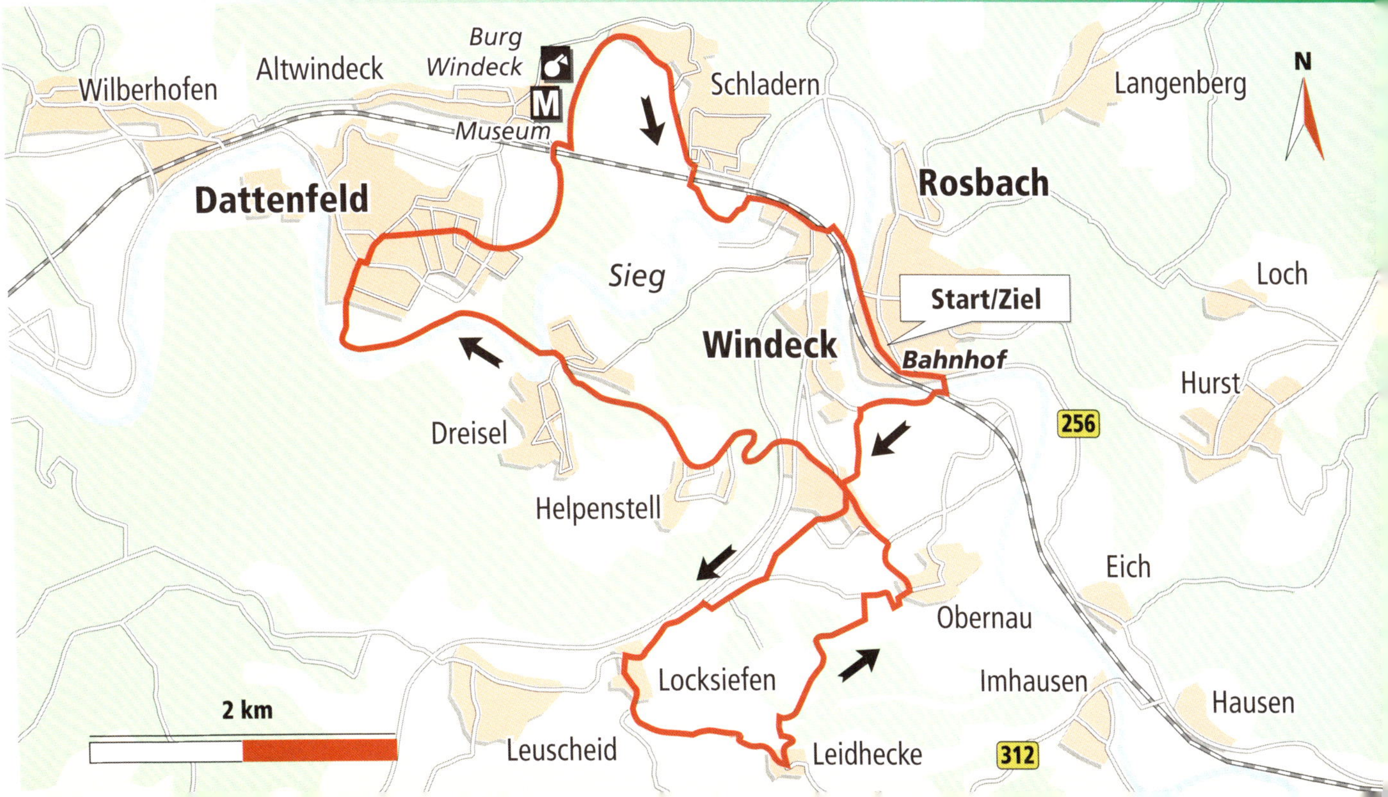
Burg Windeck
Altwindeck
Wilberhofen
M
Museum
Schladern
Langenberg
N
Dattenfeld
Rosbach
Sieg
Loch
Start/Ziel
Windeck
Bahnhof
Hurst
256
Dreisel
Helpenstell
Eich
Obernau
Locksiefen
Imhausen
Hausen
2 km
Leuscheid
Leidhecke
312

Tour 4: Rund um die Wahnbachtalsperre

Strecke: 25 Kilometer

Bemerkungen: Nicht für kleine Kinder geeignet

Anfahrt: Kirche Maria Geburt im Lohmarer Stadtteil Birk

Highlights: Antonius-Kolleg in Neunkirchen, Hallenbad in Neunkirchen, Siegburger Abteikirche, Franziskanerkirche in Seligenthal, Rochus-Kapelle, Wahnbachtalsperre

Essen und Trinken: Gaststätte „Sängerheim“, Café/Restaurant „Waldesruh“

Für Trekking-Fans ein echter Spaß

Manchmal muss man Glück haben. Das Glück hat in diesem Fall Namen: Rita und Hans-Werner Berger aus Algert, zwei ebenso ortskundige wie austrainierte Radfahrer, nahmen den Autoren mit auf eine überaus hübsche Runde um die Wahnbachtalsperre. Und das ist draus geworden: Start und Ziel ist die **Kirche Maria Geburt im Lohmarer Stadtteil Birk**. Parkgelegenheiten gibt es im Dorf reichlich, besonders, da der Dorfplatz nicht fern ist. Von der Kirche fahren wir **links** in den **Pfaffendriesch**, dann **Richtung Hove**. An einer Gabelung **links**, dann erreichen wir **Hove**, passieren Kirsch- und Apfelbäume, hören Ziegen meckern. Kühe und Pferde wärmen sich an kalten Tagen aneinander auf den windigen Höhen. **Durch Hove**, an einer Gabelung auf der Höhe **rechts**. Der Blick fällt auf den Verstärkersendemast in Schreck bei Braschoß. Vor uns sieht man schon den Kirchturm von Neunkirchen, davor das Wahnbachtal. Wir **überqueren** vorsichtig die **Bundesstraße 56** an einem **Bushäuschen**, dann auf den außerordentlich gut befahrbaren Radweg **links** nach **Pohlhausen**. Neben der Rettungswache liegt ein Spielplatz. An der roten englischen Telefonzelle (ein Mini-Museum, das an die Partnerschaft mit dem englischen Bicester erinnert) gerade-

Die Wahnbachtalsperre umrunden wir heute

Die Route führt durch prächtige Dörfer

aus weiter auf die **Heckenhofstraße**. Unmittelbar **vor der Brücke** an der B 56 biegen wir **rechts** ab und fahren hinunter nach **Bruchhausen**. Wie immer auf der heutigen Tour haben wir den Sendeturm rechts von uns. Es scheint, als würden wir mit einer langen Leine daran befestigt sein. Den Kirchturm von Neunkirchen vor Augen, an der Gabelung **links**, dann an einem **quietschgelben Fachwerkhaus** vorbei und an der nächsten Gabelung wieder **links**. Dieser Weg mündet auf eine Vorfahrtstraße, die **B 506**. Wir biegen **rechts** auf diese Straße ab, **überqueren den Wahnbach** und fahren gleich danach **links** hoch auf die **Raiffeisenstraße**. Nach kurzem Aufstieg geht es **rechts** ab auf den **Radweg 22/12**, eine Anlieger-frei-Straße durch den Wald bergauf. Auf der Höhe angelangt, haben wir den Sendemast im Rücken und die Kirche von Neunkirchen geradewegs vor Augen. Dazwischen liegen idyllische Wiesen. Über die **Schmiedestraße** kommen wir nach **Neunkirchen** hinein. An Fachwerkhöfen und Wohngebieten vorbei bis zur **Margaretenkirche**, die aus dem Mittelalter stammt, wo sich auch ein schöner Spielplatz befindet. An einer Gabelung **rechts**, dann an der **Buchhandlung Krei** vorbei in einen **Linksbogen**. Danach mündet die Schmiedestraße auf die **Hauptstraße**, dort **rechts** auf den **Fuß-Radweg**. Linker Hand liegt das Hallenbad, das sehenswerte Antonius-Kolleg. Wir bleiben auf der Hauptstraße, überqueren an der Shell-Tankstelle die Querstraße und wundern uns über das ehemalige Kloster am Wegesrand, das langsam verrottet. Weiter der Straße (**L 352**) nach geht es durch **Wolperath** nach **Remschoß**. Der Radweg führt nun an der anderen Straßenseite entlang. Vorsicht: Nicht nach Pinn abfahren, das ist eine Sackgasse! Die L 352 heißt in Heisterschoß nun **Bergische Straße**. Es geht an einem Turm vorbei, dann **rechts** auf die **Teichstraße** in eine Tempo-30-Zone hinein. Vor dem „Sängerheim", einer Gaststätte, geht es **links** auf die **Straße „Auf der Löven"**, später nach **rechts „Auf dem Asbach"**. Etwas weiter dann geradeaus auf die Anlieger-frei-Straße. Wir lassen den Sportplatz links liegen und genießen von hier oben den ersten Blick auf die **Siegburger Abteikirche** auf dem Michaelsberg. An Sportplatz, Schule und Kindergarten vorbei gelangen wir an eine

Ernte auf den Feldern

Franziskaner-Kirche in Seligenthal

Gabelung, dort **rechts** hinab **„Zur Eichenbitze“**. An der Kreuzung ganz **scharf rechts** auf den **Schotterweg** und sofort (an der alten Badewanne auf der Wiese) wieder ganz **scharf links** bergab an Pflaumenbäumen vorbei. Zur Orientierung: Nach der ersten scharfen Rechtskurve schauen wir auf ein äußerst geschmackvolles Wohngebäude aus Holz und Glas. Der Weg – ein echter Geheimtipp – führt über Schotter bergab zu einer **Gabelung am Waldrand**, dort **rechts**. Wir radeln am Waldrand entlang und sehen bisweilen unter uns das smaragdgrüne Wasser in den kleinen Buchten der Wahnbachtalsperre aufblitzen. An der nächsten Gabelung wieder **rechts**, immer am Waldrand entlang, finden wir eine Informationstafel, die uns über die strengen Gesetze an der Trinkwassertalsperre aufklärt: Man muss immer auf den Wegen bleiben, Campen, Picknick und andere touristische Aktivitäten wie Baden und Wassersport sind bei Geldbußen bis 50.000 Euro verboten. Unser Schotterweg mündet an einer Bank auf einen **Teerweg**. Vor uns sieht man Happerschoß, wir fahren aber nach **rechts Richtung Wald**. An einer Gabelung geradeaus in den Wald hinein, dann geht es bergab. Vorsicht ist bei den Wasserrinnen geboten, die wir überfahren. Da kann es schon mal holprig werden. An der Gabelung **rechts** weiter bergab, dann über den **Wahnbach**, ein zierliches Gewässer, auf den Friedhof zu. Bevor wir rechts hoch zur Staumauer fahren, stechen wir nach **links** ab zu einem

Café-Restaurant-Idyll genannt **„Waldesruh“**, und tatsächlich sind neben den Hummeln und Vögeln nur hin und wieder Hochzeitsglocken zu hören, die besonders an Samstagen aus dem rosa **Seligenthaler Kirchlein** herüber klingen. Diese älteste Franziskanerkirche Deutschlands gehört zu dem 1231 gegründeten Minoritenkloster im Wahnbachtal. Noch heute pilgern Menschen mit Angst vor ansteckenden Krankheiten zur nahe gelegenen Rochus-Kapelle (16. August ist Patronatstag). Wir legen die Beine in der schönen Waldesruh hoch und bewundern die Skulpturen von Pedro Bravo im Biergarten. Wer zur Staumauer hoch spaziert, erkennt durch den Wald zur Linken den alten Brückenbogen, der einmal zu den Häusern führte, die die Talsperre geschluckt hat. Bei Niedrigwasser soll auch schon einmal ein Kirchturm aus dem Wasser ragen. Die **Seligenthaler Straße** hoch, am Parkplatz vorbei und dann **rechts** hoch auf den Damm. Nun haben wir endlich einmal freie Sicht auf die Talsperre, die Bonn und weite Teile des Umlandes mit Trinkwasser versorgt. Eine Info-Hütte am Damm lässt keine wassertechnische Frage mehr offen. Wir schieben (oder fahren) weiter **steil bergauf**, am **Trafohaus scharf rechts**. So erreichen wir **Gut Umschoß**, ein sehr gepflegtes landwirtschaftliches Anwesen, von dem wir uns über eine **Nussbaumallee** entfernen. Wir bleiben auf dem Teerweg, der durch den Wald führt und dann am Neubau der Wasser-

Neugierig werden die Radfahrer beäugt

aufbereitungsanlage der Talsperre vorbei führt. Jetzt geht es wieder in den Wald. Wir halten uns **rechts**, dann an der Kreuzung **links** in die Einbahnstraße, die uns zur B 56 führt. Wir schieben über die Straße und am Bushäuschen vorbei in die **Derenbachstraße** im Ortsteil **Heide** hinein – eine Einbahnstraße. Dann fahren wir über den **Hüttenweg** hinweg, nächste Kreuzung wieder geradeaus und am Beginn des **Sterntalerwegs rechts** auf einen **fortstwirtschaftlichen Weg**. Nächste Gabelung **rechts**, genau auf unseren Sendemast zu. Der **Teerweg** beginnt, dann an der Gabelung **links**, am Sportplatz geradeaus. Wir lassen den Platz rechts liegen und genießen die tolle Aussicht auf Kölner und Bonner Land. An der Kreuzung **rechts** auf das hölzerne **Friedenskreuz** in **Birk** zu und weiter geradeaus. Jetzt orientieren wir uns an der **Kirche Maria Geburt**, einem Wallfahrtsort, sehen den Parkplatz am Bürgerzentrum und sind am Ziel der rund 25 Kilometer langen Tour. Fazit: Für kleine Kinder ist die Tour sicher zu schwer, für Rennräder glatter Selbstmord – aber für Mountain-Biker, Touren- und Trekking-Fans ein echter Spaß. Nur keine Furcht. Wer nicht hastet, der kommt entspannt ans Ziel und hat eine der schönsten Naturregionen im Umland intensiv kennen gelernt.

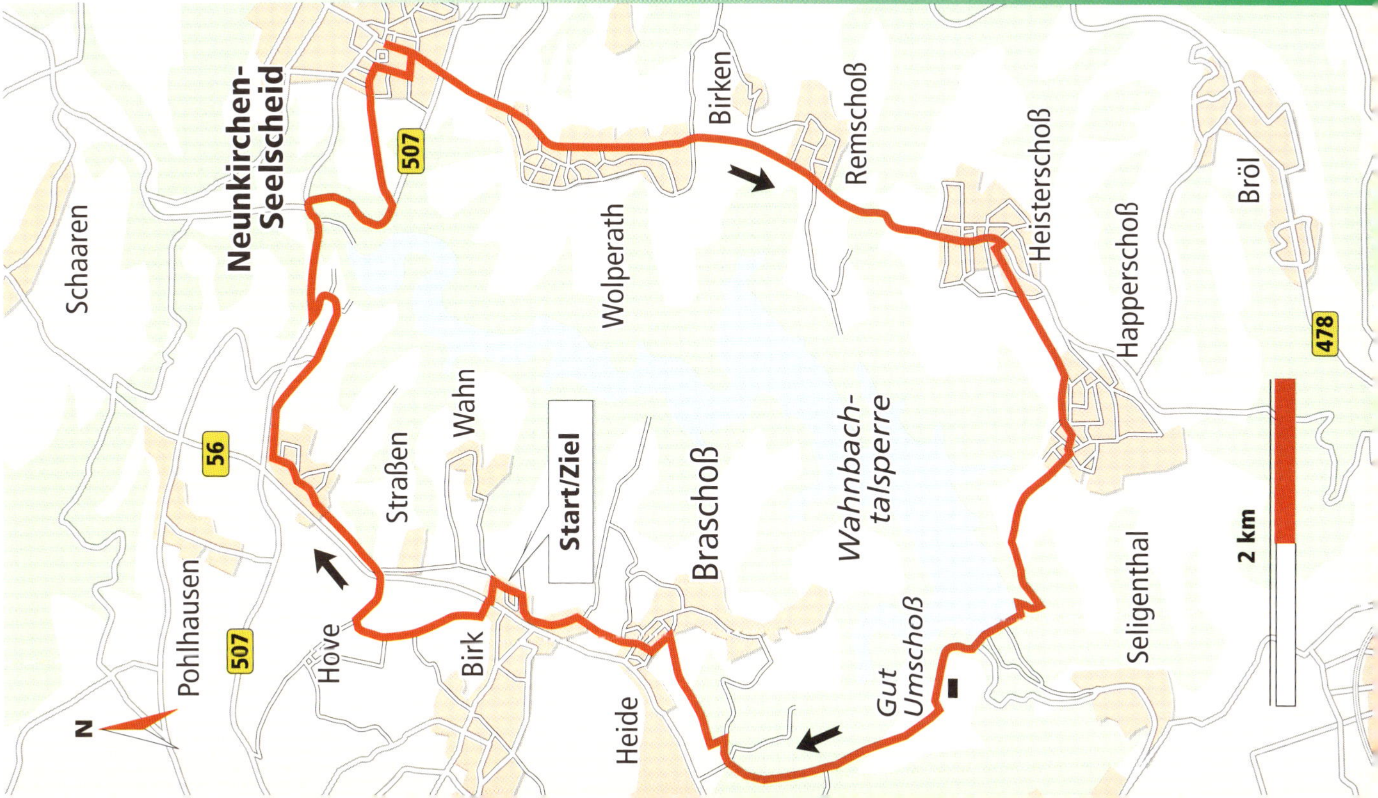
Neunkirchen-
Seelscheid
Schaaren
Pohlhausen
Hove
Birk
Heide
Straßen
Wahn
Start/Ziel
Braschoß
Wolperath
Birken
Remschoß
Heisterschoß
Happerschoß
Bröl
Wahnbach-
talsperre
Gut
Umschoß
Seligenthal
507
56
478
2 km
N

Tour 5: Vorhang auf für eine imposante Naturbühne

Strecke: 20 Kilometer
Bemerkung: Für Rennräder nicht geeignet
Anfahrt: Lohmar, Parkplatz in der Staße „Am Bungert“
Highlights: Kirche St. Johannes Enthauptung, Lohmarer Burg, Kanuverleih am Biergarten „Zur alten Fähre“
Essen und Trinken: Restaurant Zur Flachshütte, Biergarten „Zur alten Fähre“, Biergarten Jägerhof in Altenrath, Pizzeria Rossini, Gaststätte Heideklause, Restaurant Aggerschlösschen

Dunkle Wälder, Eisvögel und süße Zwergponys

Machen Sie sich gefasst auf das leise Plätschern der Agger, einen Plausch mit Kanufahrern in einem herrlichen Biergarten am Fluss, Moos auf den Zeltdächern der Dauercamper und den blank geputzten Himmel über den Höhen von Lohmar – und darauf, dass Ihnen auch heute eine knackige Steigung droht (aber auch eben nur eine). Freuen Sie sich auf das zotteligste, süßeste Zwergpony im Aggertal und dann steigen Sie in **Lohmar** in der Nähe des Rathauses ein in unsere heutige Tour. Gleich in der Nähe des Rathauses liegt die **Straße Am Bungert**, wo sich – gleich gegenüber dem Haus der sieben Giebel – ein **Parkplatz** befindet, der am Wochenende kostenlos ist. Am Bungert **rechts**, dann wieder zurück **am Rathaus vorbei** bis zur **Ampel**. Dort nach **links** auf die Durchgangsstraße und sofort wieder **rechts** ab von dieser viel befahrenen Straße. Nun kommen wir an weiteren Parkmöglichkeiten vorbei. Weiter geradeaus an dem Restaurant Zur Flachshütte vorbei. Dort, wo die **Sackgasse** beginnt, biegen wir **links** ab. Wer an den bisherigen Stellen noch immer keinen Parkplatz gefunden hat, der kann auch am Ende dieser Sackgasse parken, dort befindet sich der Friedhof. Mit den Rädern fahren wir bis zur **Vorfahrtstraße**, dort **rechts** ab.

Stille Schönheiten am Fluss

Die Lohmarer Burg

Rechts vor uns steht nun die schöne **Kirche St. Johannes Enthauptung**, deren Wurzeln ins 12. Jahrhundert zurückreichen. Romanische Stilelemente sind zu erkennen. Anstelle des im 18. Jahrhundert erbauten Chores wurde 1900 die heutige neu-romanische Säulen-Basilika erbaut. Das alles erfahren wir auf einer Info-Tafel an der Kirche. **Zurück** auf die **Kirchstraße**, die genau an dieser Stelle zur **Brückenstraße** wird. Dort **rechts** über die Brücke hinweg und zwischen Autobahn und Agger gleich wieder **rechts** hinab. Wir kommen (hinter einem weiteren Parkplatz) zur **Lohmarer Burg**, einem gotischen Bruchsteinbau aus dem 14. Jahrhundert mit einer imposanten, lang gestreckten Vorburg aus Fachwerk, die man aber heute nur genießen kann, wenn man sich die Ohren zu hält, denn: Gleich vor den Toren des Gemäuers führt die Autobahn vorbei. Auf eine Apfelschorle und einen Kaffee können wir uns auch jetzt schon einlassen. Das schön gelegene **Gasthaus „Zur alten Fähre“** trägt seinen Namen nicht zu unrecht, denn es verfügt über eine bequeme Einboot-Stelle und ist Start oder Ziel so mancher Kanu-Tour. Erfahrene Kanuten wissen so einiges von ihren Touren auf dem leise plätschernden klaren Fluss zu berichten. Mitunter lässt sich auch der Eisvogel blicken, wenn man lautlos durch das Wasser gleitet.

Zurück auf den **Radweg**, dann über die **Agger** und hoch ins größte Naturschutzgebiet Nordrhein-Westfalens – die **Wahner Heide** mit 4000

Hektar Heide, Moor und Wald, die aber nur am Wochenende betreten werden darf, da es sich um militärisches Sperrgebiet handelt. Wir folgen dem **Weg Rambusch** bergauf. Am Wegesrand wilde Kirschen und Brombeeren, über uns Krähen und Greifvögel. Dann kommen wir in **Altenrath** an. Am **Ortseingang** sofort **rechts**, dann **links** dem Radwegweiser folgend in eine Anlieger-frei-Straße hinein. Am Wegekreuz vorbei mündet der Radweg Rambusch am **Biergarten Jägerhof** (dort gibt es auch eine Bushaltestelle) auf eine Straße, dort **rechts** durch ein Neubaugebiet bis zum **Kreisel** an der **Pizzeria Rossini**. Im Kreisel nach **links** auf die Kirche zu durch eine Tempo-30-Zone. An der hübschen **Gaststätte Heideklause** in der Nähe der Georgskirche biegen wir nach **rechts** in die **Höckergasse** ab. Bergab führt unser Weg nun aus der Siedlung hinaus in einen schönen, dunklen **Wald**. Rechts am Wegesrand halten mächtige Wurzeltriebe eine uralte Buche aufrecht. **Richtung Rösrath** geht es nun durch den Wald, der für Autos gesperrt ist. Vögel singen um uns herum, links unten spiegelt sich manchmal das Sonnenlicht in den Schauenberger Teichen. Als wir den Wald verlassen, schrecken wir einen Greifvogel auf, junge Kälber glotzen verwundert herüber. Wir passieren den Hof und **überqueren** nacheinander die **Autobahn** und die schnurgerade **Sülz**. Dann kommen wir an **der Landstraße 288** aus, die wir vorsichtig überqueren. Vor uns steht nun das

St. Georg in Altenrath

Müde Kühe

Hotel Bacher Hof. Das lassen wir rechts liegen und folgen den Schildern nach **Kellershohn**. Zunächst folgt nun eine leichte Steigung durch Mais und Gerstenfelder. An der **Gabelung** steht eine **Bank**. Wir nehmen den **linken** Weg, der weiter hinauf führt. Je näher wir Kellershohn kommen, desto steiler wird der Weg. Doch keine Angst: Bald hat die Müh' ein Ende. Zwei Kuhfamilien glotzen träge. **An Kellershohn** fahren wir **vorbei**, und bleiben weiter auf dem Weg, der aber schon bald den Blick auf eine herrliche Hochebene frei gibt. Felder und Wiesen, Pferde und blühende Klee-Weiden sehen wir von hier. Bis nach Köln reicht der Blick. Der Himmel ist blank, die Wolken haben sich an den Höhen ausgeregnet und sind höher gestiegen. Die Lerche singt und singt – und wir rasten und nehmen einen Schluck aus der Fahrradpulle. Eine mächtige Eiche markiert den Ortseingang von **Muchensiefen**. Schöne, fein restaurierte Fachwerkbauten sehen wir im Vorbeirollen. An der **Vorfahrtstraße**

biegen wir nach **rechts** ab in **Richtung Wahlscheid**. Am Wegekreuz unter dem Kastanienbaum vorbei und dann über die Landstraße 84 hinweg auf die **Kreisstraße 39**. Und jetzt: Vorhang auf für eine imposante Naturbühne. Vor uns liegt das Aggertal in seiner ganzen stillen Schönheit. Das Vogelkonzert aus dem nahen Fichtenwald passt irgendwie zu dieser eindrucksvollen Szenerie – aus der wir jäh heraus gerissen werden, denn die enge Kreisstraße schlängelt sich nicht nur eifrig, sie ist auch ganz schön hubbelig. Außerdem geht es stramm bergab, also aufgepasst. Wir konzentrieren uns ganz auf die Abfahrt, die uns bis an eine schmale Aggerbrücke führt. Dort befindet sich eine weitere Attraktion: das **Aggerschlösschen**, ein Restaurant mit einer bildhübschen Terrasse zum Fluss hin. Natürlich rasten wir ein wenig. Dann geht es ein Stückchen **zurück** auf der **Kreisstraße 39**, dann **links Richtung Brückerhof/Hitzhof**. Durch die Aggerauen kommen zutrauliche Ponys auf uns zu getrabt (Achtung Elektrozaun). Während die Glocken in der Kirche von Wahlscheid läuten, verschrecken wir ein paar Schafe am **Hitzhof**. An der Kreuzung **links**, dann fahren wir mitten durch den **Campingplatz**. Interessant zu sehen, wie viele verschiedene Strategien findige Camper haben, um sich vor Dauerregen zu schützen – da werden sogar Wohnwagen überdacht. Die Campingklause Janssen lassen wir rechts liegen und gelangen an eine Straße. Dort **rechts** und

St. Johannes Enthauptung

Brotzeit in der Sonne

gleich wieder **links** nach **Reelsiefen**. In Reelsiefen **links**. Auf dem Weg ist nun keine Teerdecke mehr, kurz vor und in dem Wald wird es holprig. Im **Wald** gelangen wir an eine **Holzbrücke**, über die wir schieben, weil sie rutschig ist. Dann **links** und **rechts** auf eine Straße. **Am Sägewerk rechts**. Über eine Allee verlassen wir **Donrath** und fahren auf dem Radweg entlang der **B 484** das letzte Stück an der Jabach-Halle vorbei bis nach **Lohmar** zurück. Am Stadthaus entlang, dann am **Rathaus** wieder **links** zum **Parkplatz** zurück.

Die Tour ist rund 20 Kilometer lang, für Rennräder wegen der Schotter- und Waldpassage ungeeignet, sonst mit jedem Rad machbar. Die Kellershohn-Steigung hat es zwar in sich, aber wenn man sie als Schiebepassage meistert, stellt sie auch für Ungeübte kein Problem dar – für moderne Räder ohnehin nicht. Die Strecke führt an ausgesprochen schönen Einkehrmöglichkeiten vorbei, ein Spaziergang mit Picknick an der Agger bietet sich ebenso an. Über die A3 ist Lohmar schnell zu erreichen. Mit Bussen ebenso.

Wahlscheid
Schiffarth
Scheid
Oberscheid
Muchensiefen
Scheiderhöhe
Höngesberg
Heppenberg
Donrath
Weegen
Lohmar
Start/Ziel
Kellershohn
Haus Sülz
Schauen-berg
Altenrath
484
507
3
N
2 km

Tour 6: Toller Blick und Brombeerwein

Strecke: 24 Kilometer

Bemerkung: Nicht für empfindliche Rennradbereifung geeignet

Anfahrt: Bahnhof von Bornheim-Roisdorf

Highlights: Aussichtspunkt Böhling, Stadtteilzentrum an St. Servatius, Hallen- und Freizeitbad Bornheim

Essen und Trinken: Gasthaus „Heimatblick“

Mühsamer Anstieg wird reich belohnt

Weite Felder, Brombeerplantagen und der schönste Blick auf Bonn und das Vorgebirge – das erwartet uns auf dieser Tour. Start und Ziel ist der **Bahnhof von Bornheim-Roisdorf** – alle Bonner starten natürlich vor der Haustür und steigen nach Belieben in den Rundkurs ein. Vor und hinter dem Roisdorfer Bahnhof gibt es zahlreiche Parkplätze. Vom Bahnhof aus **überqueren** wir die **Bonner Straße** und fahren in die **Brunnenallee** hinein, die hinabführt und den Blick auf den Ville-Rücken freigibt. Wir überqueren die Linie 16 (mit der wir natürlich auch anreisen können) und fahren auf den **Roisdorfer Brunnen** zu, in dem das bekannte Artus-Sprudelwasser abgefüllt wird. Dann stoßen wir auf die **Brunnenstraße**. Dort **links** und sofort wieder **rechts** auf einen **landwirtschaftlichen Weg**, der für Autos gesperrt ist. Jetzt wird es sehr steil, aber soviel sei schon verraten: Alle Steigungen liegen am Beginn dieser Tour, später geht es nur bergab. Jetzt werden die meisten schieben müssen, aber das macht nichts, denn sowohl der Ausblick über Bonn, das Siebengebirge und das Rheintal als auch die fruchtbaren, blühenden Hänge des Ville-Rückens sind so fantastisch, dass es die Mühe allemal wert ist. Ponys schauen von der Wiese, Brombeer-

Ein Blick vom „Heimatblick“

auf die **Südstraße**. Am Ortsausgang von Roisdorf bietet sich wieder ein toller Blick auf Bonn und man beneidet die Eigentümer der teils sehr geschmackvollen Häuser am Hang. Aus der Südstraße wird die **„Schloßstraße“**. Am **Ortsschild von Alfter** fahren wir **rechts** hoch und nochmals **rechts** zum **Herrenhaus Buchholz** und dem **Gasthaus „Heimatblick“** hinauf. Den Teerweg kann man im kleinen Gang gut schaffen, aber auch an alle, die lieber schieben die Botschaft: Gleich ist's vorbei mit der Plackerei.

Der Teerweg führt in den Wald. Am Wegekreuz geht es **links** ab zum **Aussichtspunkt Böhling** – ein Abstecher, den man nur zu Fuß machen sollte, denn zu dicht stehen die Brennesseln

Schloss Bornheim

sträucher laden zum Naschen ein. Der Weg windet sich am Ende nach **rechts** und mündet dann auf eine Wohnstraße, dort **links**. Wieder **links**

am engen Pfad. Wir folgen nach dem Abstecher weiter dem **Teerweg** bergauf und sehen schon bald die goldene Kugel auf dem schwarzen

Dach des **Herrenhauses Buchholz**. Buchholz verfügt über eine feine Küche und zahlreiche ausgesuchte Bordeaux-Weine. Man ist Mitglied in der Federation Cuisines Exclusifes D'Europe, dem Verbund exklusiver Küchen Europas. Mit Fahrradkleidung kommt man sich deplatziert vor, aber man kann sich die gute Adresse ja merken. Gut, dass es wenige hundert Meter weiter noch das **Gasthaus/Café „Heimatblick"** gibt. Dort sind Radler oft und gerne zu finden. Die Menüs sind preiswerter und die Aussicht – nomen est omen – grandios. Minigolf kann man dort spielen oder einen kleinen Spaziergang durch die Brombeerplantage ringsum machen. Von der Terrasse aus hat man einen sagenhaften Blick über das Rheintal, Bonn und die fruchtbaren Hänge des Vorgebirges. Man kann dort auch ein Gläschen Brombeerwein probieren, doch ein Fass am Fahrradständer warnt vor übermäßigem Genuss. **Wieder zurück**, dann über die erste Kreuzung hinweg auf den **„Brombeerweg"**. Dort fahren wir nach rechts auf die **Essener Straße**. Steil geht es nun die Serpentinen hinunter – Vorsicht Gegenverkehr. An Rosenfeldern, Sonnenblumen und Obstbäumen rauschen wir vorbei. Nach einigen Kurven fahren wir **geradeaus** auf den **Blutspfad**, dann den ersten Weg **rechts**. Der schlängelt sich und wir gelangen an eine Kreuzung. Dort nach **links** bergab. Rechts sehen wir bald die **Privatgalerie am Weyersberg**, zu erkennen durch mehrere grob behauene Holz-

Brombeeren vom Fass

Nicht nur Radfahrer, auch Gourmets kommen auf ihre Kosten – das Herrenhaus Buchholz

aus in den **Wald** – ein Naturschutzgebiet. An der nächsten Gabelung **links**, dann geht es in eine Siedlung hinein. Wir fahren geradeaus auf dem **Blütenweg**, der später **Botzdorfer Weg** und dann **Kalkstraße** heißt. An der Gabelung auf der Kalksstraße bleiben, dann **rechts** auf die **Mühlenstraße** ins Herz von **Bornheim** hinunter. An der **Königstraße** rechts. Über den Parkplatz an der Polizei und der Kreissparkasse hinweg machen wir einen **Abstecher** zum **Stadtteilzentrum an St. Servatius**. Kirche und weltlicher Bau geben ein gutes Beispiel dafür ab, wie moderne Architektur in einem spannungsreichen Kontrast zu alten Kirchenbauten eingesetzt werden kann. Sicherlich nicht jedermanns Sache, aber für jedermann ein beliebtes Objekt, um über Geschmacksfragen zu diskutieren.

stämme, deren kegelförmige Spitzen blau gestrichen sind. An der Gabelung **dahinter links** auf den landwirtschaftlichen Weg. Dann gerade-

Über die **Heinestraße** gelangen wir zurück zur **Königstraße**, dort wieder **rechts** und dann **links** in die **Secundastraße** hinein, vorbei an einem gelblichen historischen Gebäude, in dem heute eine städtische Tageseinrichtung für Kinder untergebracht ist. Die Secundastraße mündet in einen **Kreisel**, dort befindet sich auch gleich das **Hallen- und Freizeitbad Bornheims**. Im **Kreisel** ganz **rechts** auf die **Wallraffstraße**, hinter dem Tenniscenter rechts, dann **links** durch die Unterführung, bis **zur Steinmauer des alten Friedhofes** mit seinen uralten Bäumen, dort **links**. Der Teerweg führt an Kohl und Rüben vorbei, parallel zur Straße ins freie **Feld**. Später **unterqueren** wir die **Straße**, dann scharf **rechts**. Der Weg schwenkt nach einer Weile nach links. Über eine Kreuzung hinweg bis vor das **Wäldchen** und dann **rechts**. Der Kiesweg wird bald zum Teerweg. An Äpfeln, Weizen, Spargel, Rosen, Kartoffeln und Kohlrabi vorbei bis zur **Vorfahrtstraße**. Dort fahren wir nach **links** und schrecken ein paar Schäfchen auf, die neben einem Rhabarberfeld grasen. Durch die folgende **Unterführung** fahren wir hindurch, dann an einem Feld entlang und die nächste Möglichkeit **rechts** auf den **„Mittelweg“**, der uns durch ein großes Kieswerk bis an eine Straße führt, die wir überqueren und wieder durch ein **Kieswerk** radeln. An der nächsten Kreuzung fahren wir ebenfalls **geradeaus**, dann über eine Eisenbahnbrücke in ein Wohngebiet hinein geradeaus auf die **Buschdorfer**

Schöne Einsichten am Wegesrand

Efeu-Impressionen

Straße. Dann geht es an der alten Kirche vorbei auf die neue Betonkirche zu. Wir befinden uns nun in **Bonn-Tannenbusch**. An der **Vorfahrtstraße rechts**, dann auf die **Otto-Hahn-Straße**. An der Vorfahrtstraße wieder **rechts überqueren** wir anschließend die **Autobahn**, fahren über eine **große Kreuzung geradeaus** über die Eisenbahnbrücke hinweg und dann (in **Dransdorf** angekommen) sofort hinter der Brücke rechts. Bornheim ist aber auch schon ausgeschildert. Wir folgen der Straße, die leider in Alfter über keinen Fahrradweg verfügt, und kommen nach kurzer Fahrt zwischen Vorgebirge und Rheintal wieder am **Bahnhof in Roisdorf** heraus.

Insgesamt ist die Tour 24 Kilometer lang. Außer mit empfindlichen Rennradreifen ist sie für jedes Rad geeignet. Der erste Anstieg ist zwar anstrengend, aber wenn man schiebt, kommt man ohne allzu große Ermüdung an den „Heimatblick“. Die Tour bietet einen Querschnitt für alle, denen das Vorgebirge noch nicht so bekannt ist – und die Aussicht vom „Heimatblick“ ist wirklich unvergleichlich.

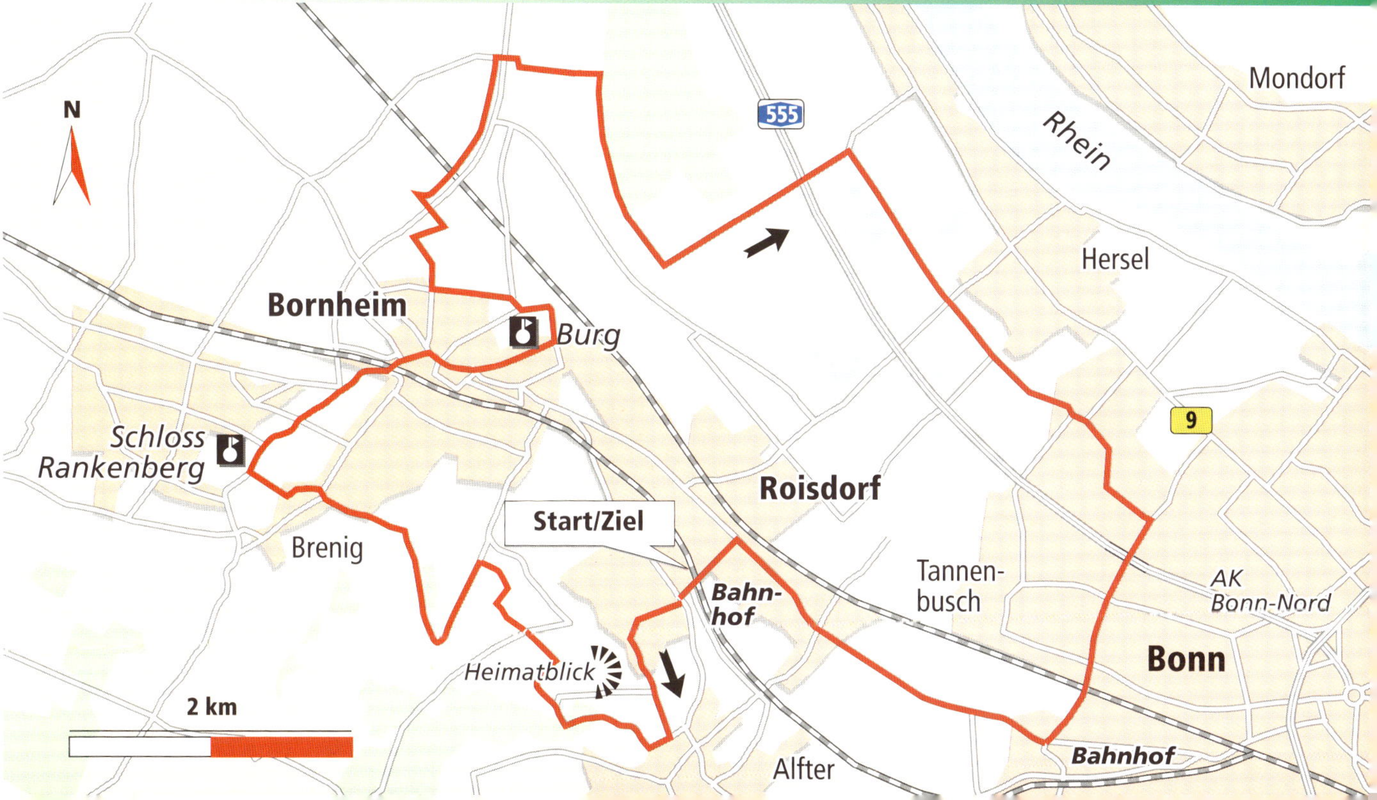
N
Mondorf
Rhein
555
Hersel
Bornheim
Burg
Schloss
Rankenberg
9
Roisdorf
Start/Ziel
Brenig
Tannen-
busch
AK
Bonn-Nord
Bahn-
hof
Bonn
Heimatblick
2 km
Bahnhof
Alfter

MARIENFELS
F

Tour 7: Mit der Fähre über den Rhein

7

Strecke: 20 Kilometer

Anfahrt: Anlegestelle der Rheinfähre zwischen Mondorf und Bonn-Graurheindorf

Highlights: Viele schöne Spiel- und Bolzplätze

Essen und Trinken: Café am Rathausplatz in Niederkassel-Ort, Restaurant „Bauernstube“, Picknickmöglichkeiten am Wegesrand

Es darf auch gefischt werden

Eine Tour für Familien mit Kindern – auch mit sehr kleinen im Körbchen – steht heute auf unserem Programm: Start und Ziel ist die **Anlegestelle von „Julius“, der Rheinfähre**, die zwischen Mondorf und Bonn-Graurheindorf verkehrt. Parkmöglichkeiten gibt es in beiden Orten reichlich, etwa in Mondorf direkt an der Anlegestelle. Graurheindorf ist mit der S-Bahn zu erreichen. Von Bonn aus kann man aber auch auf beiden Seiten des Rheins schnell mit dem Rad an den Ausgangspunkt gelangen.

Wer an einem Sonntagnachmittag zu der Tour aufbricht, dem sei empfohlen, auf der **Graurheindorfer Seite** zu beginnen, denn die letzte Fähre nach Mondorf geht um 17 Uhr. Wir setzen nach **Mondorf** über. Dort fahren wir nach **links**, bleiben direkt am Rhein und radeln flussabwärts. Nach kurzer Zeit kommen wir an einer **Bolzwiese** vorbei, wo es auch einen großen Spielplatz gibt – ideal für ein Picknick oder ein Sonnenbad. Den **roten Rad-Schildern** folgend geht es weiter rheinabwärts über einen Teerweg, später über die **Moselstraße**. Dann folgt eine schöne Partie auf dem **Deich**. Die Deichkrone verlassen wir nach **links** und fahren direkt auf einen idyllischen Spielplatz zu, der mitten in der

Mit dem Bötchen über den Rhein

Rheinaue liegt. Hohe Pappeln spenden Schatten. Wir befinden uns nun in **Rheidt** und sehen links von uns einen der malerischen Altarme des Rheines und einen Sportplatz, der mitten auf einer Insel, dem „Rheidter Werth“, liegt. Entlang unseres Weges finden sich nicht nur gastronomische Betriebe, sondern auch zahlreiche Bootsclubs und sogar eine kleine Werft. Weiter geht es über den Deich auf die Kirche von **Niederkassel-Ort** zu. Zwischen dem Friedhof und einem weiteren Bolzplatz hindurch gelangen wir zu einer kleinen Wiese, auf der Ponys weiden. Wem schon nach Kaffee und Kuchen ist: Der Weg zum Café am Rathausplatz ist ausgeschildert. Gleich hinter dem Wegweiser findet sich ein Spielplatz, den man leicht übersehen könnte, der aber aufgrund seiner tollen Edelstahl-Rutsche ein echtes Highlight für die kleinen Passagiere im Körbchen sein dürfte. Auch das Kletternetz und die Schaukeln sind nicht zu verachten. Links tuckern die Kähne an uns vorbei – man hört sie nur, denn Bäume verstellen die Sicht auf den Fluss. Etwas weiter müssen wir nach **rechts** abbiegen **Richtung Lülsdorf** (drei Kilometer). Dem Schild folgend zunächst durch eine Unterführung, dann **links** auf die **Rathausstraße**, **rechts** auf die **Waldstraße** und an der **Hauptstraße links** am Umspannwerk vorbei, auf dem wie immer auf unserer heutigen Tour ausgeschilderten **Radweg Richtung Ranzel**. Danach **links** in **Richtung Lülsdorf/ Ranzel**. Den Umweg mussten wir machen, um das Lülsdorfer Werk der Degussa-Hüls zu umfahren.

Von unserem Fahrradweg, der parallel zu den Schienen verläuft, die in ein Werktor münden, werfen wir einen Blick nach links auf die Industrieanlage, die zum Chemiegürtel rund um Köln gehört. In **Lülsdorf** fahren wir sofort nach **links**, folgen dem **Schild „Personenfähre“**. Wir kommen am Lülsdorfer Hallenbad vorbei, passieren das Restaurant „Bauernstube“ und ein griechisches Restaurant und gelangen dann an einen **Kreisverkehr**. Dort müssen wir auf die **Rheinstraße**, die an der Kirche vorbei führt (nicht nach rechts abbiegen). An der Kirche entlang mündet die Rheinstraße auf die **Uferstraße**. Dort **rechts** und gleich wieder **links** hinab erreichen wir die unscheinbare Anlegestelle der **Fähre nach Wesseling**, doch der Schipper hat Mittagspause. „Der is' jo och in de' Jewerkschaft“, dröhnt es gemischt mit schallendem Gelächter aus der Wirtschaft an der Ecke. Wir schauen uns noch ein bisschen das Industriepanorama an, das den Rheinkilometer 668 auszeichnet, aber da schippert das fähnchengeschmückte Bötchen auch schon heran. Die Fähre nimmt uns mit am Shell-Hafen vorbei zu einer kleinen Bootsfahrt bis ins Wesselinger Zentrum an die Kirche. Den Bootssteg hinauf erreichen wir das gepflegte Rosenbeet am **Wesselinger Ufer**. Den Fahrradsymbolen folgen wir nun **flussauf-**

wärts, radeln an einem Spielplatz vorbei, später durch Auen, in die der Industriehafen der Shell mit seinen bedrohlich wirkenden Pipeline-Röhren so gar nicht passen will. Bald aber erreichen wir den weißen **Sand- und Kiesstrand bei Urfeld**. Robert Manheller und Hans Markert vom **Fischereiverein aus Wesseling-Urfeld** schätzen heimischen Fisch als Delikatesse. 35 Arten ziehen sie inzwischen wieder aus dem Rhein: „Das Wasser ist besser als vor 100 Jahren. Wenn kein Wind ist, kann man metertief hinein schauen", wird uns erklärt. Aus Barben, das sind Gründelfische mit kurzen Barten (bartähnliche Maulanhänger), machen sie leckere Fischfrikadellen, die „weniger nach Fisch, sondern mehr vegetarisch leicht schmecken". Natürlich lieben auch sie den Zander – am liebsten in leicht gebutterter Mandelhülle gebraten mit einer Riesling-Soße. Aber es darf natürlich auch geräucherter Rhein-Aal sein – auf Toast mit einem kalten, klaren Schnaps. Das weiße Fleisch des Rhein-Barschs sei inzwischen besser als das der Forellen, schwören die Petrijünger. Sauer eingelegte Rotaugen mit Pellkartoffeln sei auch ein prima Gericht, gerät Manheller, Chefkoch im Verein, ins Schwärmen. Lachs und Meerforelle gibt es auch wieder im Rhein, aber die sind geschützt.

Links ist das Fahrgastschiff Anja vertäut. Auf ihm kann man auch lustige Feten feiern. Wir fahren nicht runter zum Fluss, denn dort beginnt nur

Auch am Rhein führen Deiche mit Radwegen entlang

Er hat bestimmt einen Aal dran

das hoppelige Angler-Ufer, sondern bleiben oben auf dem **braunen Sandweg**, der uns nach **Hersel** führt. Hersel, das heute zu Bornheim gehört, hat als eins von wenigen Dörfern überhaupt eine eigene Insel. Die frühere Halbinsel hat der Rhein mit der Kraft seiner Hochwasser vom Land getrennt. Das war vor 600 Jahren, wie uns eine Informationstafel belehrt. Die Insel war ein Tummelplatz für Hasen und deswegen auch für Jäger, später auch ein militärischer Übernachtungsplatz und ist heute ein Naturschutzgebiet für seltene Vogelarten.

Am Herseler Sportplatz vorbei und dann **links** dem **roten Radschild** folgend, gelangen wir wieder direkt ans **Ufer**. Dort gibt es viele Stellen für ein Picknick. Es gibt Bänke, aber man kann auch eine Decke ausbreiten. Noch bevor wir **Graurheindorf** erreichen, geht es **links** eine **Betonrampe** hinunter zur **Fähre Julius**.

Die überaus einfache Strecke ist für jedes Rad geeignet, auch für Radanhänger oder Räder mit Kindersitzen. Die Tour ist überhaupt für Kinder ein Erlebnis. Zwei Bootstouren an einem Tag, Picknick mit Mama und Papa, Bolzplätze (Ball mitnehmen) und Kinderspielplätze in Hülle und Fülle und auch noch so gute. Viel Spaß bei einem schönen Tag, der die Frage „Warum ist es am Rhein so schön?“ auf seine Weise beantwortet.

Libur
Uckendorf
Niederkassel
N
1 km
Rheidt
Mondorf
Fähre
Start/Ziel
Auerberg
Bonn
Büschdorf
Tannen-
busch
Hersel
Rheidter Werth
Ranzel
Uedorf
Widdig
555
9
Urfeld
Rhein
Wesseling
Langel
Lülsdorf
Fähre
Bornheim

Tour 8: Aufstieg ohne Fürbitte

Strecke: 18 Kilometer

Bemerkung: Für Rennräder nicht geeignet

Anfahrt: Bahnhof Hennef

Highlights: Spielplatz an der Sieg, Museum in Blankenberg, Schloss Allner

Essen und Trinken: Restaurants in Hennef, Steiner Mühle, Picknick am Allner See

An der Sieg entlang und über Serpentinen hinauf

Start und Ziel ist der **Hennefer Bahnhof**, der nicht nur von Nahverkehrszügen und S-Bahnen, sondern auch von Bussen angesteuert wird. In den Seitenstraßen von Hennef sind Parkplätze zu finden. Die in der Innenstadt sind entweder kostenpflichtig oder werktags nur mit Parkscheibe zu benutzen.

Vom Bahnhof aus fahren wir zunächst kurz nach **rechts**, dann wieder **links** und schon erreichen wir die **Frankfurter Straße**, das Einkaufszentrum von Hennef. Dort biegen wir **rechts** ab und fahren **vor** dem **Bahnübergang links**, dann wieder **links** am Pennymarkt vorbei auf direktem Weg an die **Sieg**. Schon auf diesem kurzen Stück sind wir an einigen Restaurants vorbeigekommen, wo wir uns am Schluss der Tour stärken können. Der Schotterweg wird nach einiger Zeit durch eine geteerte Fahrbahn ersetzt. Dem Weg folgend **unterqueren** wir das mächtige Betongebilde der **Autobahn**, die die leise plätschernde Sieg an dieser Stelle überspannt. Links vor uns taucht **Schloss Allner** auf. Auf den Wiesen vor dem gleichnamigen Ort weiden Pferde. Wir folgen dem Weg, bis er an den Autobahnzubringer stößt. Den überqueren wir mit der gebotenen Vorsicht, fahren dann auf der gegenüberliegenden Seite

Winkelige Gässchen

Die Apfelernte naht

links und gleich wieder **rechts** ab von der lauten Straße. Günter Doppelfeld von den Unabhängigen im Hennefer Rat empfiehlt von Hennef aus den Weg direkt am Siegufer: „Circa 50 Meter **vor** der viel befahrenen Bröltalstraße **B 478** fahren wir **links** an der Schranke vorbei und **unterqueren** – völlig gefahrlos – die **B 478**. Hinter der Brücke auf dem **Siegdamm** weiter nach **Weldergoven**." Auf Antrag der Unabhängigen sei der Weg unterhalb der Siegbrücke asphaltiert worden, hebt Doppelfeld hervor. So gelangen wir auf den Deich der Sieg. Und genau obendrauf wurde ein **Radweg** gebaut. Eine hübsche Idee, hat man doch aus einigen Metern Höhe eine schöne Sicht auf Weldergoven. Gut auch, dass dieser Weg für Reiter gesperrt ist, denn manche Pferde scheuen auf schmalen Wegen, wenn Radfahrer an ihnen vorbeirauschen.

Nun könnte aus den Kindersitzen ein lautes „Stopp mal" zu hören sein, denn gleich links vor uns blicken wir auf einen formidablen Spielplatz für viele Altersgruppen. Ein Basketballkorb findet sich dort ebenso wie ein Fußballtor und viele Spiel- und Klettergeräte. Auch für die Erwachsenen ist dieser Platz an der Sieg ein herrliches Fleckchen zum Ausspannen.

Nach der Spielpause geht's weiter auf dem guten Radweg nach **Weldergoven**. Am Ende des Weges nach **rechts** auf die **Siegstraße** und sofort wieder **links** auf die **Straße Grafenbungert**, wo sich Neubauten harmonisch in die gewachsene historische Bausubstanz eingefügt haben. Dann gelangen wir auf die **Straße „Zum Brünnchen“**. An der Gabelung **links**, die Schranke ignorieren wir und fahren durch die Siegauen **Richtung Blankenberg**, das auch ausgeschildert ist. Der Weg ist mitunter etwas ruppig. Er schwenkt nach rechts und führt **parallel zur Sieg** entlang der Bahnlinie. Links von uns sehen wir einen Campingplatz an der Sieg. Über uns suchen Greifvögel nach Beute. Nur ab und zu rauscht ein Zug vorbei. **Abstecher**: Ungefähr sechs Kilometer von unserem Startplatz entfernt (siehe Kilometerzähler am Tacho) trifft der Weg auf eine **Straße an einer Brücke über die Sieg**. Nach **links über diese Brücke** kann man weiter nach **Eitorf** an der Sieg fahren – eine nette Partie, die die Teilnehmer von jeder Steigung verschont. Sie sei hier als Verlängerungsmöglichkeit für geübte Radfahrer angeboten.

Angesichts des kurzen, aber steilen Anstiegs nach Blankenberg wollen wir die Gesamtstrecke für untrainiertere Teilnehmer etwas eingrenzen. Wer sich danach fühlt, kann ja je nach Lust und Laune den Abstecher später noch nachholen. Also biegen wir **rechts** auf die Straße ab und gelangen an eine Gabelung. Dort **links** nach **Blankenberg**. Wir achten ein wenig auf die Raser, die diese Strecke mitunter zu Wettfahrten missbrauchen. Am S-Bahnhof vorbei bis nach **Stein**. An der **Steiner Mühle**, in der eine „Mittelalterliche Schänke“ eingerichtet ist, rechts

Badespaß am Allner See

Die Stadt Blankenberg ist noch heute eine fast geschlossene mittelalterliche Anlage

ab. Nun folgt ein schwieriger Teil der heutigen Tour, aber da es der einzige ist, gilt die Empfehlung auch für Familien, die mit Kindern unterwegs sind. Rechts schauen wir auf Forellenteiche und kommen an einem rot-weißen Heiligenhäuschen vorbei, das der Schmerzhaften Mutter geweiht ist. „Bitte für uns. Amen“ steht darauf – nun: so schwer ist der Aufstieg nach Blankenberg auch wieder nicht. Wer seine Räder hier abstellt und abschließt, der kann auch einen Wanderweg hoch spazieren. Der etwa einen Kilometer lange Aufstieg führt durch einen Wald. Wir aber treten in die Pedale und nach einigen Serpentinen, am Busparkplatz vorbei, erreichen wir die schöne mittelalterliche Stadt **Blankenberg**. Sie entstand aus einer Burg, die schon im 12. Jahrhundert erwähnt worden ist. Obwohl „Stadt“ genannt, gehört Blankenberg heute zu Hennef. Als Gesamtkunstwerk hat die Siedlung jedoch ihr Stadtbild erhalten. An vielen Stellen sieht man, wie fachgerecht restauriert wird. Im Turm ist ein Museum eingerichtet. Außerdem gibt es eine Galerie und zahlreiche gastronomische Betriebe. In Blankenberg lässt es sich also nach dem kurzen, aber recht steilen Anstieg aus den Siegauen ausgezeichnet rasten. Nach einem kleinen Rundgang gibt es die gute Nachricht: „Von jetzt an geht’s bergab.“ Vor allzu großer Sorglosigkeit sei aber gewarnt, denn zunächst müssen wir auf den Verkehr in den Serpentinen, dann auf der mitunter recht schnell befahrenen

Landstraße 333 achten. Doch zunächst geht es an den schroffen Felswänden hinab, von wo aus man den Blick auf das Siegtal genießen kann. Wir fahren den gleichen **Weg zurück**, den wir gekommen sind. Auf das Naturschutzgebiet rund um den Dondorfer See sei hingewiesen. Er liegt unmittelbar hinter den Bahngleisen auf dem Weg nach Weldergoven zurück. In **Weldergoven** kommen wir auf der **Straße „Im Brünnchen"** an. Am **Wegekreuz** aus dunklem Holz **links**, dann wieder **links** und **rechts** dem **Schild „Hennef 3,1 Kilometer"** folgen. Nach kurzer Zeit erreichen wir erneut den Autobahnzubringer. **Links** geht es für alle Ermüdeten in die **Hennefer Innenstadt** zurück. Wer noch Lust hat, macht nach **rechts** noch einen Abstecher zum **Schloss Allner**. Dazu müssen wir **hinter der Sieg** die **Straße** vorsichtig **überqueren**. Schloss Allner ist allerdings gesperrt, wie uns ein Schild am Eingang unmissverständlich klar macht: „Der Zutritt ist nicht erwünscht." Dennoch können wir einige Blicke erhaschen, wenn wir um das Schloss herum radeln. Im Schlosspark ist nämlich ein moderner Wohnpark entstanden mit Tiefgaragen und zahlreichen Wohnungen, von denen ein Teil auch schon genutzt wird. Von dort aus hat man einen Blick auf Teile vom Schloss – und es entspinnen sich bestimmt Diskussionen darüber, ob ein solch moderner Kontrast zu einem Schloss passt oder nicht. Über die **Schlossstraße** wieder auf **Hennef** zu, dann **rechts** ab auf die

Schloss Allner

Dr.-Pagenstecker-Straße, unter der Autobahn her. Dann erreichen wir die hübsche **Birkenallee**, die uns auf die Innenstadt zu führt. Auffällig auch der Radweg auf Stelzen, der entlang des **Allner Sees** nach Hennef

zurück führt. Der See eignet sich gut für ein Picknick. In **Hennef** erreichen wir die **Frankfurter Straße**, dort **rechts**. Es gibt zahlreiche Einkehrmöglichkeiten. Gleich wieder **links** geht es zum **Bahnhof**.
Außer mit Rennrädern ist die Tour mit jedem Rad zu bewältigen. Es gibt viele Picknickmöglichkeiten, auch an der Sieg, schöne Spielplätze. Hennef verfügt über einen Kurpark. Außerdem ist es mit allen Verkehrsmitteln sehr gut zu erreichen. Die wegen des Anstiegs in Blankenberg mit 18 Kilometern recht kurz gewählte Tour ist spielend leicht zu verlängern, denn man muss nur den ausgeschilderten Wegen an der Sieg entlang folgen.

Gastronomie in Altstadtkulisse

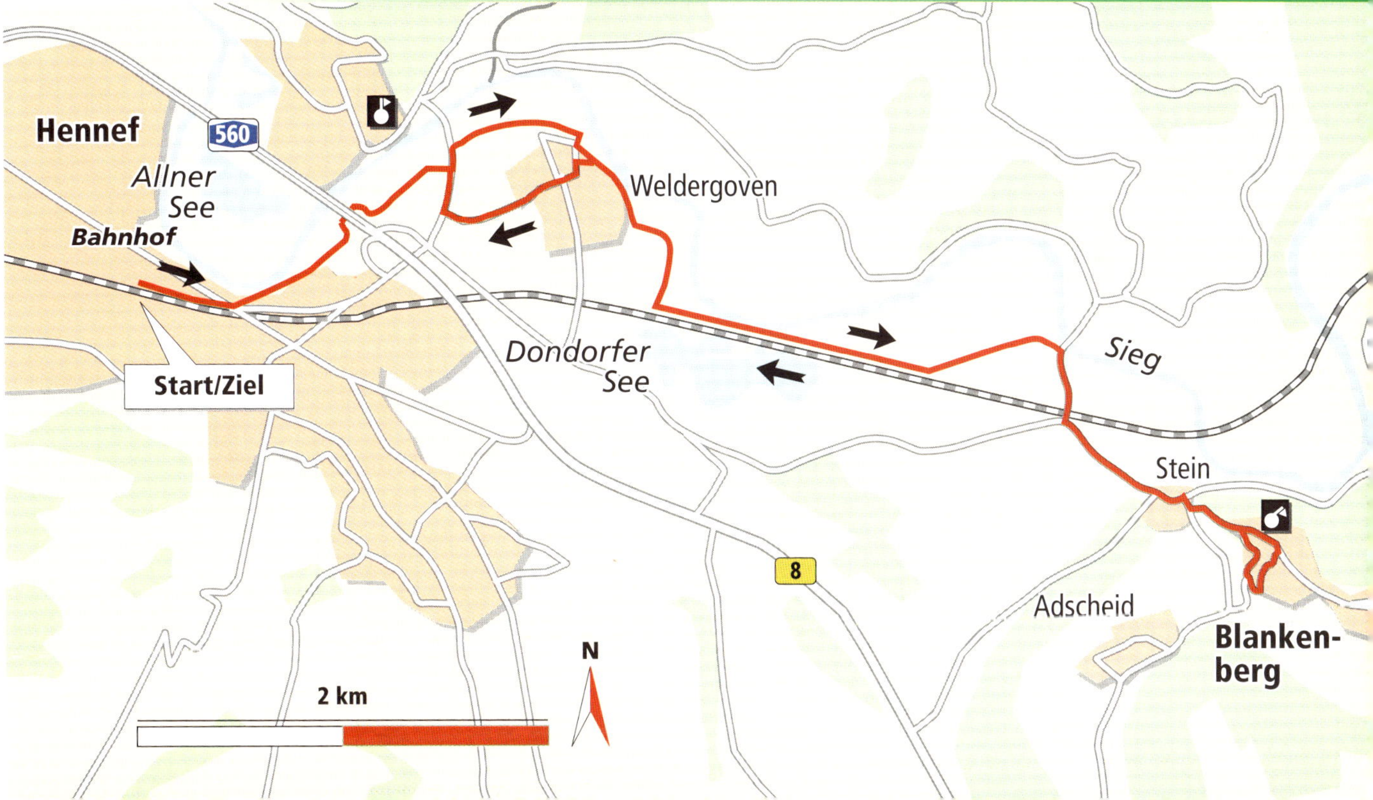
Hennef
560
Allner
See
Bahnhof
Weldergoven
Dondorfer
See
Sieg
Start/Ziel
Stein
8
Adscheid
Blanken-
berg
N
2 km

Tour 9: Traumhafte Landschaft rund um Hennef

Strecke: 22 Kilometer

Bemerkung: Für Rennräder nicht geeignet

Anfahrt: Bahnhof in Hennef

Highlights: Wald und Wiesen am Hanfbach

Essen und Trinken: Restaurant Steinen

Auf Drahteseln die Idylle erkunden

Start und Ziel ist der **Bahnhof in Hennef**. Er ist gut zu erreichen, da sowohl Regionalbahnen als auch S-Bahnen und Busse dort Halt machen. Über die Autobahn 3 ist ebenfalls ein Abzweig nach Hennef ausgeschildert, der auf die Frankfurter Straße – das Zentrum der schönen, kleinen Stadt an der Sieg – führt. Der Weg zum Bahnhof ist ausgeschildert. Parkplätze finden sich rings um den Bahnhof, allerdings sind sie kostenpflichtig oder auf zwei Stunden begrenzt (gilt nicht ab samstags 13 Uhr). Aber etwas außerhalb des kleinen Zentrums finden sich reichlich Parkgelegenheiten.

Wenn wir vor dem **Bahnhof** stehen fahren wir nach **rechts** auf den kleinen Norma-Markt zu, dann **links** und an der **Frankfurter Straße** wieder **rechts** auf einen kombinierten Fußgänger- und Radweg. Schnell sind wir aus der Einkaufsmeile heraus, überqueren Bahngleise, hinter denen ein neuer Radweg beginnt. Über einen **Kreisel** hinweg **geradeaus** sehen wir links von uns hinter Tankstelle und Schützenhaus die **Liebfrauenkirche** von Hennef, über deren restauriertem Felsstein-Portal „Kommet, lasset uns anbeten" steht. Gleich **gegenüber** dem Portal geht es an einem spitzwinkligen Eckhaus bergab auf die **Hanfbachtal-**

Weide und Obstbäume bei Hennef

Bunte Farbtupfer inmitten von Feldern

straße. Rechts an der Bäckerei Müggenburg können wir noch Wegzehrung aufnehmen. Innerhalb von ein, zwei Minuten ist es uns so gelungen, dem lebhaften Verkehr zu entfliehen, denn besonders am Samstag ist Hennef ein beliebtes Einkaufsziel. Unser Weg führt durch eine **Tempo-30-Zone** an einer Grundschule und zwei Wegekreuzen vorbei. Wir passieren eine Reihe von alten Fachwerkhöfen und das Restaurant Steinen. Am **Ehrenmal rechts** und unmittelbar **vor** der **Brücke** über den Hanfbach **links**. Wir folgen dem geteerten Weg und stoßen wieder auf eine Wohnstraße, dort **rechts**. Nach kurzer Fahrt verlassen wir die Siedlung. Ein formidabler Teerweg leitet uns zwischen einem Weidehang und dem sanft plätschernden Hanfbach hindurch ohne jede Steigung ins Grüne. Der Hanfbach ist vorbildlich mit Bäumen und Büschen eingegrünt, damit der Bach auch an heißen Sonnentagen nicht „umkippt".

Durch den Wald und durch Wiesen geht es weiter. Über und um uns zwitschernde Vögel, links käuen Kühe wieder, rechts blicken Pferde herüber. Am **Wegekreuz**, das Wilhelm und Helena Schüller 1900 stifteten **geradeaus**, an der **Steinbildhauerei rechts** auf den Schotterweg, der uns an der Weide vorbei zu einer Wohnwagensiedlung mit Forellenteichen an der **Hammermühle**, einer Gastwirtschaft mit massiven Bänken vor der Tür, führt. Von der Hammermühle aus fahren wir die **schmale Straße (K 39)** bergauf, aber nicht bis nach Röttgen, sondern nur **bis zum Ende der rechten Leitplanke**. Dort rollen wir ganz vorsichtig den **Waldweg** hinab und schrecken dabei einen mächtigen

Greifvogel auf. Reiter kommen grüßend entgegen, während wir über den Feldweg bis zur Hermesmühle weiterradeln. Dort wechseln wir auf den Fahrradweg entlang der L 125, der uns in kurzer Zeit nach **Dahlhausen** führt. Dort **rechts** und gleich wieder **links** in die **Hanfer Straße** (K 6) hinein. Nach gut 100 Metern rechts hoch „Zum Neuglück". Zum Glück ist das die einzige nennenswerte Steigung für den heutigen Tag. Also: Entweder lassen wir es jetzt im kleinsten Gang sehr ruhig angehen oder wir spazieren den Weg hoch. An der Gabelung im Wald **rechts** auf den **forstwirtschaftlichen Weg**. Dort unterbricht eine wunderbare Waldpartie die Steigung für eine Weile. Oberhalb eines Forellenteiches fahren wir auf einen Hochsitz zu, eine Lerche fliegt über uns, auf dem grauen Teer haben sich grüne Flechten ausgebreitet, so wenig wird hier gefahren. Am Ende dieser anstrengenden Passage kommen wir an der **Landstraße 268** aus. **Rechts** nach **Wellersberg**, eine elektronische Tafel zeigt die Geschwindigkeit an, dann links auf die **Wiersberger Straße** und jetzt geht es bis Hennef im Großen und Ganzen nur noch bergab. An der Gabelung am **Stromturm** fahren wir **links** und genießen die fantastische Aussicht auf das Hanfbachtal, das wir gerade durchquert haben. Hühner, Gänse und Damwild stehen am Wegesrand, doch an dem entblätterten Maibaum in **Wiersberg** hängt die traurigste Kreatur des Tages – der Paias. Im Mai in die Luft gehängt muss er alle Stürme ertragen, die Regenschauer und heißen Tage und zur Dorfkirmes wird er abgehängt, unzähliger Anschuldigungen bezichtigt und schließlich mit dem Tod auf dem Scheiterhaufen belegt. Mit ein wenig Trauer

Viehwirtschaft und viele Natureindrücke

Plätcherndes Wasser im Mühlrad

für die geschundene Kreatur aus Stoff und Stroh fahren wir an der **Kreisstraße 36 rechts** nach **Kurscheid** hinab. Dann durch **Broichhausen** und weiter hinunter nach **Westerhausen**. An einer Gabelung müssen wir **links** hoch und – am rosa Westerhausener Hof hängt noch so ein bemitleidenswerter Paias am Baum.

An der Vorfahrtstraße **rechts** nach **Söven**. Auf dem tollen Radweg entlang der Landstraße 331 staunen wir über die grandiose Aussicht über Rosen und Rapsfelder, Berge und Täler. Der Radweg endet **„Am Steinenkreuz"**, dort rechts dem **Wegweiser** nach **Hennef** folgend durch schöne Landschaft, den Ort **Wippenhohn** bis nach **Hennef-Warth**. Achtung: In den Serpentinenabschnitten nicht zu schnell fahren. In Warth **links** bis zum **Kreisel** und von dort aus über die **Frankfurter Straße** zurück zum **Bahnhof**.

Die 22 Kilometer lange Strecke ist landschaftlich ein Traum. Es gibt nur eine lange Steigung, deshalb ist sie auch für größere Kinder zu schaffen. Wiesen und Landwirtschaft, Flussaue und Wald zeigen ein breites Spektrum des Lebensraums zwischen Sieg und Rhein. Touren- und Treckingräder sowie Mountainbikes sind prima geeignet für die Tour, Rennräder lassen wir zu Hause. Eine gute Schaltung hilft bei der Steigung. Die Anfahrt mit der Bahn empfiehlt sich.

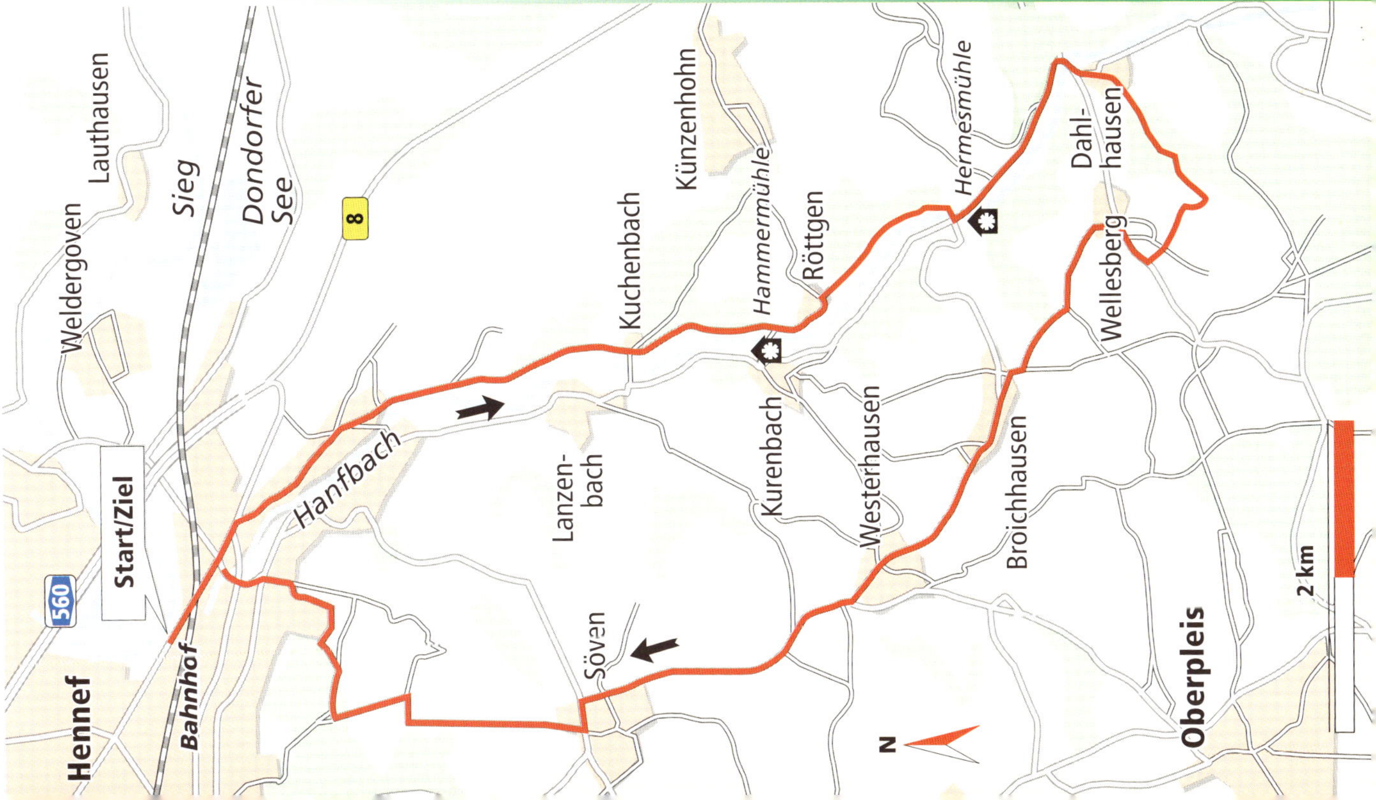
Hennef
Start/Ziel
Bahnhof
560
Weldergoven
Lauthausen
Sieg
Dondorfer See
8
Hanfbach
Lanzen-
bach
Söven
Kuchenbach
Künzenhohn
Hammermühle
Röttgen
Kurenbach
Westerhausen
Hermesmühle
Broichhausen
Dahl-
hausen
Wellesberg
Oberpleis
N
2 km

Tour 10: Troisdorf erkunden

Strecke: 20 Kilometer

Anfahrt: Kombibad Aggua

Highlights: Kombibad Aggua, Minigolfanlage, Freizeitgelände nahe des Rotter Sees, Troisdorfer City, Bilderbuchmuseum in der Burg Wissem, Hirschgehege

Essen und Trinken: Restaurant Aggerdeich, Einkehrmöglichkeiten in Troisdorf

Gemütliche Tour mit vielen Attraktionen

Start und Ziel ist das **Aggua**, ein Bäderkomplex direkt an der Agger. Vom großen Parkplatz aus fahren wir vom Schwimmbad weg an der **Minigolfanlage** vorbei auf dem Teerweg an die **Agger**. Dieser Weg führt zunächst am Fluss entlang, dann hoch auf eine **Brücke**, wo sich das **Restaurant Aggerdeich** befindet. An dem verregneten Samstag, als diese Tour probegefahren wurde, schwoll die Agger zu einem mächtigen, lehmigen Fluss an und verwandelte die kleine Staustufe vor der Mündung in eine echte Stromschnelle. Hinter der Brücke geht es wieder bergab zum **Fluss** hinunter, wo wir schon bald zur Mündung in die Sieg kommen. Wir folgen dem schönen Radweg an der **Sieg** entlang. Dann **unterqueren** wir eine **Eisenbahnbrücke** und anschließend eine **Brücke für Autos**. Gleich dahinter stoßen wir auf eine Gabelung und nehmen den Weg nach **rechts**. So kommen wir an den **Sieg-Deich**, den wir aber nur **überqueren**, um dann hinter dem Deich weiter nach **Troisdorf-Sieglar** zu radeln. An einem **weißen Haus** stoßen wir auf eine Straße. Dort **rechts** ab in ein Wohngebiet. Dann wieder **rechts** nach **Sieglar-Mitte** den Schildern folgend. Nun kommen wir an der Kirche vorbei. An der Gabelung links fahren wir auf ein wunderschönes

Im Zentrum von Troisdorf

Stilvolles Ambiente – ein weißes Herrenhaus in Sieglar

weißes Herrenhaus zu. Genau **davor** stoßen wir auf eine Straße. Wir fahren **rechts** auf das Rathaus zu, dann geradeaus dem Schild **Richtung Oberlar** folgen. Die **Spicher Straße** mündet auf einen **Kreisel**, dort **geradeaus** weiter Richtung Oberlar. Wir dürfen allerdings nun nicht den Radweg benutzen, der rechts neben der Straße her führt, sondern müssen uns beizeiten nach **links** orientieren, denn wir fahren gegen die Einbahn-Richtung in eine **Einbahnstraße** hinein, wo wir die Bahngleise überqueren. Diesen Abzweig nehmen wir als interessierte Radfahrer aus gutem Grund, denn die fahrradfreundliche Stadt Troisdorf zeigt nicht nur durch die Öffnung der Einbahnstraße hier, mit welchen Konzepten Radfahren auch in einem urbanen Raum an Attraktivität gewinnen kann. Wir fahren dann in die **„Pastorsbitze"** hinein, eine echte **Fahrradstraße**, wie man sie selten in der Region findet. Radler haben hier, wo sich Schulen und Stadtbibliothek befinden, Vorfahrt. Von der Pastorsbitze fahren wir **links** ab auf den **Bayernweg**.
Unser nächster Orientierungspunkt ist der **Rotter See**. Dazu fahren wir am Ende der Fahrradstraße **links**, an der Ampel geradeaus durch das moderne Wohngebiet hinunter bis an die Schranke. Wir beachten die Hinweise auf der Tafel. Hinter der Schranke geht es sofort **rechts** ans **Seeufer**. Am Fahnenmast rechts hoch auf die **Westfalenstraße** bis zur nächsten **Vorfahrtstraße**, dort **links** und wieder an der nächsten Vorfahrtstraße **rechts**. Nach links können wir einen **Abstecher** machen zum **Freizeitgelände** nahe des Rotter Sees mit Kart-Halle, Tennisanlagen, Reiterhof und den Resten einer mittelalterlichen Burganlage. Doch wir fahren nach **rechts** und kommen an einen **Kreisel**. Dort fah-

ren wir nach **links Richtung Spich** unter der Autobahn hindurch. Dann folgen wir immer geradeaus dem Radweg entlang der Vorfahrtstraße. Unter der Eisenbahnbrücke hindurch, dann geradeaus auf der **Bonner Straße** bleiben. An der Ampel geradeaus und auch danach immer weiter geradeaus bis zum Ende der **Telegrafstraße**, einer Sackgasse. Dann **schieben wir das Rad ein paar Stufen hinauf** und gelangen so auf einen schönen **Waldweg**, dort sofort **rechts**. Nun folgt eine kleine Waldpartie. Immer am Rand eines beneidenswert schön gelegenen Wohngebietes entlang radeln wir durch den alten Mischwald. An zwei rot-weißen Pfosten gabelt sich der Weg. Dort fahren wir **geradeaus** weiter. Der Weg wird nun ein wenig enger. Wir kommen bald an einen **Teerweg**, dort fahren wir **rechts** ab. Eine weitere Teerstraße stößt zu unserer. **Links** geht es ab zur **Mülheimer Straße** (Bundesstraße 8), auf der wir, wenn wir sie erreicht haben, nach **links** in **Richtung Zentrum** fahren. Auch auf dieser Hauptausfallstraße von **Troisdorf** sind vorbildliche Radwege eingerichtet worden. Obwohl wir uns heute weit mehr als bei anderen Ausflügen in ländliche Regionen in einem urbanen Gebiet bewegen, fühlen wir uns als Radfahrer doch stets sicher auf der Straße und den zahlreichen Radwegen. Natürlich ist es bei den vielen Kreuzungen, Ecken und Winkeln einer Stadt viel schwerer, den Weg zu beschreiben, aber in Troisdorf muss man sich nicht wirklich Sorgen darum machen,

Fensterschmuck

den nächsten Punkt nicht zu finden, denn auch wer sich verfahren hat, stößt schon bald wieder auf einen Wegweiser, der einen bestimmt zum Ziel bringt.

Wir radeln an den Produktionsanlagen der Hüls Troisdorf AG (HT) und von Dynamit Nobel vorbei und kennen jetzt eigentlich nur noch eine Richtung und die heißt **geradeaus**. Unser Weg führt uns nämlich schnurstracks auf die große **Fußgängerzone** zu, die zeitweilig auch für Radfahrer geöffnet ist. Genaue Angaben, ob man fahren darf oder schieben muss, entnimmt man den Hinweistafeln an den Eingängen zur Fußgängerzone. Große Skulpturen aus Stahl, Glas und Wasser markieren den Ein- und Ausgang der Zone. Weitere moderne Brunnen finden wir bei unserem Bummel durch die City, wo es an Einkehr- und Shoppingmöglichkeiten nicht mangelt. Am Ende unserer „Stadtdurchquerung" fahren wir **geradeaus** weiter **Richtung Bonn, Sankt Augustin und Siegburg** – wie immer auf einem schicken Streifen nur für uns Radfahrer. Nach kurzer Zeit kann man nach **links** abbiegen, um einen **Abstecher** zur **Burg Wissem** zu fahren – ein schöner Abschluss vor der Rückfahrt oder dem Besuch des Aggua, denn: Die Mitte der 50er Jahre restaurierte Burg beherbergt Europas einziges Bilderbuch-Museum. Ganz in der Nähe finden sich auch ein Hirschgehege und Einkehrmöglichkeiten.

Zurück vom Abstecher sehen wir an der **Siebengebirgsallee** das letzte Boot, das von der Organisation Cap Anamur aus dem südchinesischen Meer gefischt wurde. Wir fahren dort rechts ab und folgen den **Schildern zum Bad**. Dazu müssen wir noch einmal nach **links** auf die **Alte Straße** abbiegen. Die Alte Straße fahren wir ganz hindurch bis zum **Aggua** – einem echten Edel-Bad. Nicht nur Warm- und Kaltwasserbecken, Stachelduschen, Kneippschlauch und Dampfbad bringen verlorene Fitness schnell wieder zurück. Verschiedene Saunen, ein offener Kamin, Wärmeterrassen aus Naturstein und viele andere Attraktionen mehr warten in dem großen Komplex.

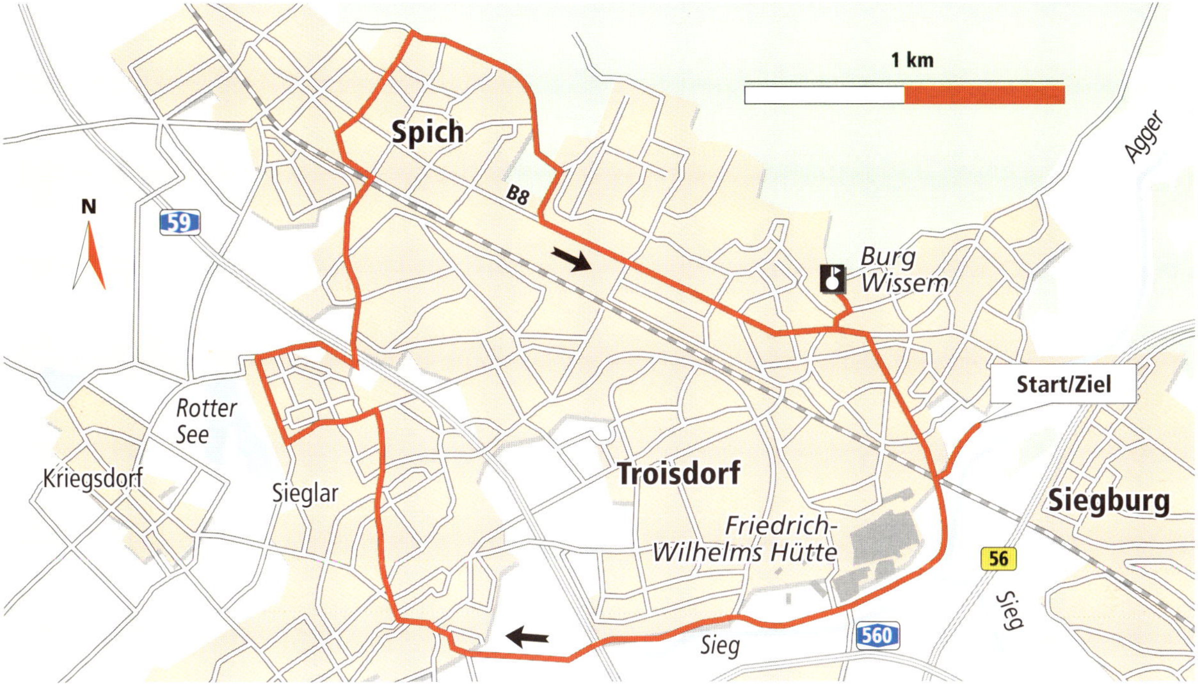
1 km
Agger
Spich
B8
N
59
Burg Wissem
Start/Ziel
Rotter See
Kriegsdorf
Sieglar
Troisdorf
Siegburg
Friedrich-Wilhelms Hütte
56
Sieg
560
Sieg

Tour 11: Rund um Sankt Augustin

Strecke: 17 Kilometer

Anfahrt: Bahnhof in Sankt Augustin – Menden

Highlights: Flugplatz Hangelar, Haus der Völker und Kulturen

Essen und Trinken: Zahlreiche Möglichkeiten im Zentrum Sankt Augustin

Attraktives Flachland mit viel Spaß besonders für Kinder

Wer möchte sich Kunst aus Papua-Neuguinea, Sportflugzeuge, einen Golfplatz, Feldlerchen und noch mehr anschauen? Der sollte sich mit auf unsere heutige Tour begeben. Start und Ziel ist der **Bahnhof im Sankt Augustiner Stadtteil Menden**. Die Bahnen Bonn-Beuel und Troisdorf halten in Menden. Um den Bahnhof herum finden sich Abstellplätze für Autos. Wenn wir vom Bahnsteig herunter kommen, fahren wir zunächst durch die **Unterführung** in **Richtung Menden** (nicht in Richtung Meindorf radeln). Direkt hinter der Unterführung biegen wir **rechts** ab in **Richtung Freibad**. Ein Stück vor der rot-weißen Schranke folgen wir dem **roten Pfeil** und fahren eine **Linkskurve**. Der Radweg ist sehr gut geteert und führt durch eine Feldlandschaft. Wir passieren einen Hundeübungsplatz und kommen an einer Weide mit Schafen vorbei. Jetzt sind wir am Rande des „Grünlandbereichs Hangelar“. An einer Gabelung befindet sich eine Sitzgruppe. Eine Infotafel klärt uns über die Pflanzen- und Tierwelt in diesem Gebiet auf. Kiebitze, Feldlerchen, Kräuter, der Grünfrosch, Rotschnabel, Kröten und viele andere Lebewesen teilen sich dieses Biotop, das sich weit vor uns ausstreckt. Wir fah-

Alt und Neu auf einem Blick

Turm von Burg Niederpleis

ren an der Gabelung **geradeaus** weiter in Richtung Freibad und Flugplatz. Nach einigen hundert Metern erstklassigen Radweges durch die Wiesen erreichen wir das **Freibad**, das links von uns liegt. Auch von dieser Stelle kann man wunderbar in die heutige Tour einsteigen, denn zwischen Freibad und unserer Route befindet sich ein ausgedehnter Parkplatz. Wir bleiben auf dem Radweg durchs Grüne und fahren weiter geradeaus in **Richtung Hangelar**. An der nächsten Gabelung fahren wir nicht links ab, sondern geradeaus auf dem **Teerweg** weiter, bis wir den **Flugplatz Hangelar** entdecken. Dort können wir kleine Sportmaschinen bei Starts und Landungen beobachten. Das ist besonders für kleinere Kinder ein Erlebnis, denen die heutige Tour ohnehin am meisten gewidmet ist. Wir fahren weiter auf dem Teerweg geradeaus, dann beginnen hinter einer Rechtskurve Obstwiesen. Eine Erläuterungstafel hilft uns auch hier weiter. Der Weg schlängelt sich nun zwischen Bolz-, Fußball- und Basketballplätzen hindurch. Er mündet hinter dem **Fußballplatz** von Hangelar in ein **Wohngebiet**. Dort stoßen wir auf eine Straße, dort **rechts**. An der Gabelung **links**, dann an der katholischen Grundschule vorbei und über die Bahngleise der Stadtbahnhaltestelle Hangelar-Mitte (auch eine Alternative für Start und Ziel). Hinter den Gleisen fahren wir zunächst geradeaus weiter, dann **links** auf die **Kölnstraße Richtung Zentrum**. Der Kölnstraße folgen wir, bis wir an eine

Ampel gelangen. An dieser Kreuzung geradeaus auf die Alte Heerstraße (der Radweg führt an der linken Seite der Straße entlang). Diesem Weg folgen wir. Hinter dem Materialamt der Bundeswehr und dem Hit-Markt biegen wir rechts ab. Wir fahren nun leicht bergauf in eine ruhige Tempo-30-Zone hinein. Oben fahren wir nach links auf die Straße Am Pleiser Wald. Wir folgen dem Hauptweg dieser mit zahlreichen Sackgassen ausgestatteten Wohnstraße. Dann folgen wir dem Schild, das zu den Häusern 23 bis 30 führt. Dazu biegen wir links ab. Erkennungszeichen für diesen Abzweig ist ein mit großen Bruchsteinen gestalteter Vorgarten zu unserer Linken. Am Ende dieser Sackgasse stoßen wir auf einen Radweg, dort rechts. Jetzt radeln wir genau am Rande des Waldes weiter. Links von uns der herrliche Altwald, rechts ein feines Wohngebiet, später der Golfplatz in Niederberg. Der Weg führt in einem weiten Linksbogen vom Golfplatz weg. Weiter geht es zwischen Waldrand und Siedlung. An einer Gabelung links, dann stoßen wir auf eine Vorfahrtstraße, dort links auf die Straße Am Eichelkamp. Weiter geht es am Schützenhaus vorbei hinunter bis zu einem Stopp-Schild an einer Tankstelle. Dort geht es links weiter auf der Landstraße 143. Parallel zur Landstraße verläuft ein gut ausgebau-

Der Flugplatz ist besonders für Kinder eine Attraktion

Das Verwaltungszentrum liegt auf der Strecke

ter Radweg. Wir fahren geradeaus in **Richtung „Siegburg-Zentrum"** auf der **Hennefer Straße**, wie die L 143 dort heißt und erreichen so die **Stadtbahnhaltestelle Sankt Augustin Kloster**. Dort machen alle, die das moderne **Verwaltungszentrum von Sankt Augustin** noch nicht kennen, einen **Abstecher** nach **rechts**. Jetzt wird es Zeit für eine architektonische und städteplanerische Grundsatzdiskussion über die Ästhetik der modernen Innenstadtarchitektur am Beispiel Sankt Augustins. Großzügig und modern werden die einen sagen, anonym und gigantomanisch die anderen – jeder Jeck es anders, jeder anders jeck. Nach einem Rundgang durch das Gebiet rund ums Rathaus fahren wir weiter entlang der **Landstraße 143** in **Richtung Menden**. Schon nach wenigen Metern liegt links vor uns das **„Haus der Völker und Kulturen"** der Steyler Missionare. Wer sich für völkerkundliche Kunst- und Kulturobjekte aus Afrika, Papua-Neuguinea und anderen Ländern interessiert, sollte das Museum, das auch für Kinder interessant ist, besuchen.

Weiter entlang der Landstraße 143 geht es danach. In **Menden** angekommen, fahren wir gleich die erste Straße nach **links** ab. Dann immer auf dem Radweg geradeaus zwischen Feld und Siedlung bleiben, bis wir den **Bahnhof** erreichen.

Die Tour ist 17 Kilometer lang und kommt gänzlich ohne schlimme Steigung aus. Sie ist mit jedem Fahrrad zu machen und eignet sich wegen der möglichen Flugplatz- und Museumsbesuche und der Naturlandschaft um Hangelar gut für Familien mit Kindern, die sich einen schönen Tag um Sankt Augustin herum machen möchten.

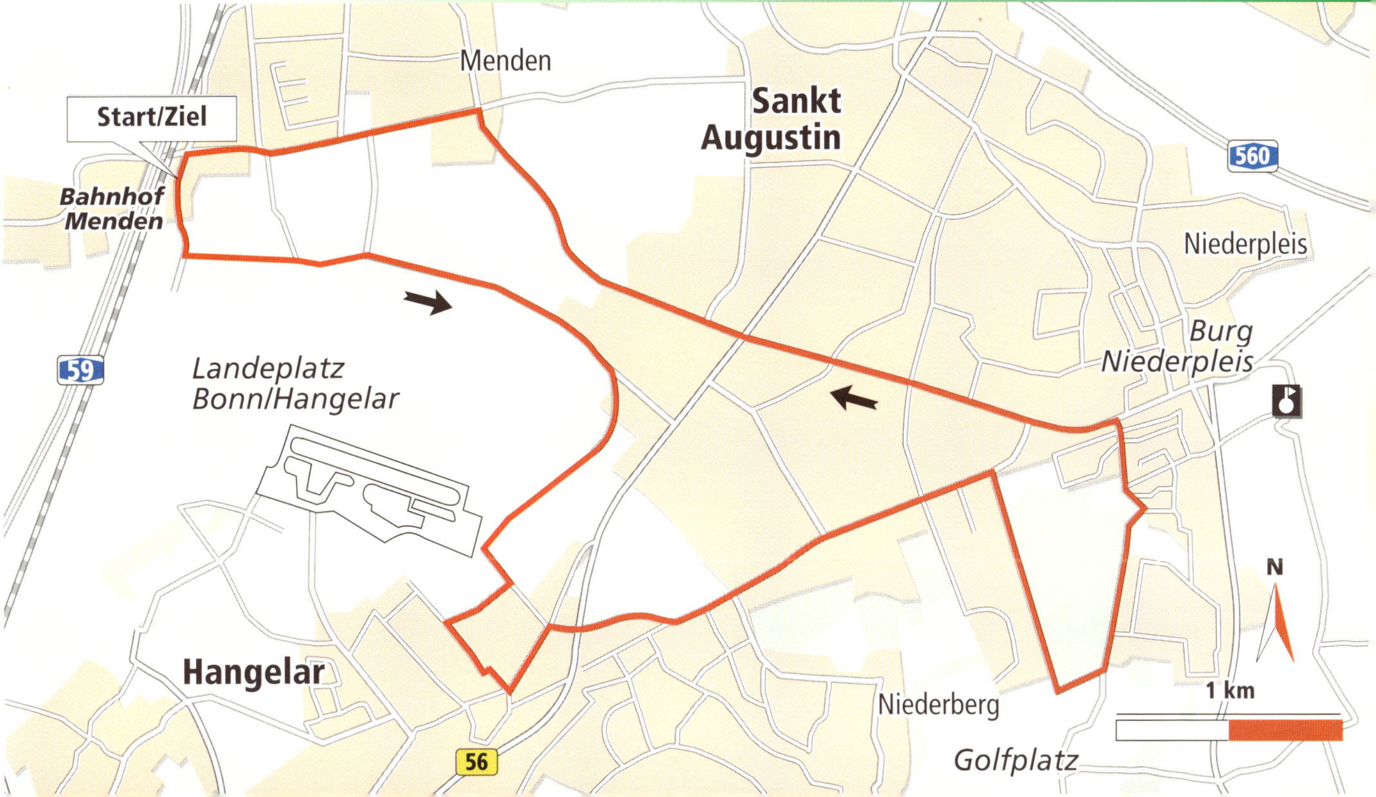
Menden
Sankt Augustin
Start/Ziel
Bahnhof Menden
560
Niederpleis
59
Burg Niederpleis
Landeplatz Bonn/Hangelar
N
Hangelar
1 km
Niederberg
56
Golfplatz

Tour 12: „Siehst du den Tempel der Natur ...“

12

Strecke: 20 Kilometer

Bemerkung: Wegen der Steigungen nicht für Kinder geeignet, für Rennräder ungeeignet

Anfahrt: Bushaltestelle unterhalb der Severinskirche an der B 478 in Ruppichteroth

Highlights: Viel Landschaft

Essen und Trinken: Einkehrmöglichkeiten in Ruppichteroth, Restaurant „Futterkrippe“ in Schönenberg, Kammericher Hof, Wingenbacher Hof

Die Landschaft ist der „Star“ der Fahrt

Heute steht das Radfahren an sich im Mittelpunkt. Es gibt diesmal nicht die baulichen Höhepunkte, dafür jede Menge landschaftliche.

Start und Ziel ist die **Bushaltestelle unterhalb der Severinskirche** an der Bundesstraße 478 **in Ruppichteroth**. Autos parken wir an einer der Nebenstraßen oder auf dem Parkplatz nahe der großen Kreuzung. Erster Orientierungspunkt – und erste Bergwertung ist der **Anstieg zur Severinskirche**. Dann an der Kirche vorbei über die **Mucher Straße**. An einem Kapellchen rechts bleiben wir auf der Mucher Straße, bis wir die **Landstraße 312** erreichen. Die überqueren wir, fahren nicht (!) nach links nach Obersaurenbach, sondern zunächst geradeaus auf der **Kreisstraße 55**. Nach einer Weile geht es **links** ab nach **Röttgen, Bölkum und Hodgeroth**. Vor dem Abbiegen genießen wir noch einmal den herrlichen Blick zurück nach Ruppichteroth, das eine Reihe von Einkehrmöglichkeiten für den Abschluss der Tour bietet.

Die Grillen zirpen nun aus den Brombeerbüschen. Greifvögel kreisen in der guten Luft dieses herrlich grünen Landstrichs. Ein Traktor tuckert in der Ferne – sonst hört man nur sein Herz schlagen: Besonders nach dem nächsten Aufstieg nach Hodgeroth. Durch **Hodgeroth** fahren wir

Pferdeherde vor Weidehügeln

Fachwerkhäuser – die traditionelle Bauweise

nun, dann am **Gefallenendenkmal links**. In **Bölkum** erreichen wir das Bushäuschen der Linie 328. An ihm fahren wir vorbei – nicht in Richtung Röttgen, sondern **geradeaus** an einem Betrieb, der bunte Dachpfannen anbietet, vorbei. Dann **links** und ganz geradeaus bis nach **Millerscheid**. Nun folgt einer der besten Augenblicke des Tages. Wir sind voll „auf der Höhe" unserer heutigen Tour, genießen das unbeschwerte Radfahren, das ja für sich genommen ein echter Genuss ist, da Körper und Geist auf leicht erhöhten Touren arbeiten und das Gefühl der Landschaft so ungemein verstärkt wird. Was nehmen wir mit von dieser Etappe: Tolle Blicke in alle Richtungen dieses wunderbaren Naherholungsgebietes zwischen Köln und Bonn. Bergab nach Millerscheid hinein. Vor einem Fachwerkhaus und einem Fachwerkstall gabelt sich der Weg, da **links Richtung Retscheroth**. Nun folgen wir immer der kleinen Straße durch einen **Wald**, an einem glucksenden Bach vorbei, durch Felder und Weiden. Dann kommen wir an einer Gabelung heraus, dort **rechts** hoch nach **Retscheroth**. Unter Obstbäumen grast ein Pferd mit heller Mähne. Geradeaus über eine Kreuzung hinweg, dann stoßen wir auf eine **Vorfahrtstraße**, wo wir **links** zehn Meter bergan und dann wieder **rechts** ab fahren. Der landwirtschaftliche Weg führt uns bergauf, Vorsicht bei einem Entwässerungsgraben, der unsere Route kreuzt. Nach rechts haben wir nun eine wunderschöne Aussicht: Wiesen und manche Brombeerbüsche. Dann endet die Teerdecke auf unserem Weg. Nun kann es in kurzen Passagen wegen Bruchsteinen auf dem Weg ein klein wenig holprig werden, aber das ist kein wirkliches Problem, denn bald schon wird der Weg wieder besser. Auf den letzten Metern nach **Etzenbach** können wir bei entsprechender Jahreszeit einem Vater und seinen beiden Söhnen beim Heumachen zuschauen. Wie schön ist dieses Bild, das sich nahtlos in die gesamte ländliche Szenerie fügt. Auf den Weiden und Feldern rund um Ruppichteroth scheint die Zeit still zu stehen. An der Gabelung **links** durch **Etzenbach** und gleich sind wir auch schon am Ortseingang von **Schönenberg**. Links ist die Kreuzkirche. Am **Kloster** (dem St.Theresien Gymnasium) mündet unsere Route auf eine Vorfahrtstraße, da **links** bergab am Friedhof vorbei. Dann am Restaurant Berghof vorbei, in dem sich auch ein Tanzcafé befindet. Wir fahren die **Straße Am Kirchberg** hinab, bis wir auf die **Rathausstraße** stoßen, dort **links**. An der „Futterkrippe“ können wir rasten, wenn uns an einem kleinem Plausch mit den vielen Motorradfahrern liegt, die an heißen Sommertagen gerne hier ein wenig ausspannen. Wir lassen uns nun wieder vom Fahrtwind kühlen und fahren neben der Hauptstraße (B 478) auf dem Radweg durch Schönenberg hindurch **Richtung Ruppichteroth**. Nicht lange bleiben wir zwischen der Bundesstraße und dem Waldbrölbach. Nur bis **Herren-**

Natur pur – Impressionen am Wegesrand

über die **Dorfstraße** weiter bergauf. Rechts sind Maria und Jesus eindrucksvoll auf die Wand eines Hofes gemalt. **Richtung Wingenbach** verlassen wir das Dorf. Die Dorfstraße mündet an einem weißen Wegekreuz auf die Landstraße 317. Dort steht die besinnliche Inschrift: „Siehst Du den Tempel der Natur und des großen Gottes Spur, willst Du ihn noch größer sehn, bleibe hier am Kreuze stehn". Wir überqueren die Landstraße und folgen dem Wald-Feldweg, der uns nach einer langen, aber nicht allzu steilen

Herrliche Ausblicke auf idyllische Dörfer

bröl fahren wir, dort dem Schild nach **Kammerich rechts** ab folgen. Wir wollen nicht zum Sportplatz, an der Gabelung fahren wir **links** bergauf nach **Kammerich** hinein. Am Kammericher Hof geht es vorbei

Steigung in das Bauerndorf Bornscheid führt, wo zwei Schäfchen uns freundlich blökend begrüßen. Wir fahren trotz dieser herzlichen Aufnahme nicht ins **Dorf** hinein, sondern biegen noch **vorher links** auf einen **Wirtschaftsweg** ab. Nach einer Waldpassage stoßen wir auf die **Landstraße 317**. Nun können wir einen kleinen **Abstecher** zum **Wingenbacher Hof** machen, der sonntags von 10 Uhr bis abends und wochentags von 17 Uhr „bis der Letzte geht“ geöffnet ist, wie uns der freundliche Wirt erklärt. Selbstgebackener Kuchen ist eine Spezialität des zünftigen Waldrestaurants.

Wer den Abstecher nicht macht, **überquert** die **L 317** und fährt nach **Wingenbach** hinein, dann **links Richtung Ruppichteroth** (vier Kilometer). Nun geht es bergab. Wir folgen der schmalen Teerstraße bergab, durch fast den gesamten Ort **Kämerscheid** hindurch. An einem Findling geht es **links** ab nach **Ruppichteroth**. Nun durch **Neuenhof** hindurch und dann bergab immer geradeaus. Eine von zwei Schimmeln gezogene Hochzeitskutsche kommt uns entgegen – bergische Romantik. Eben haben wir einen Gesangsverein überholt, der mit dem Planwagen unterwegs war und in feucht-fröhlicher Runde Weinlieder zum Besten gab – beachtlich dabei die Akkordeonbegleitung auf dem schwankenden Gefährt.

In **Ruppichteroth** kommen wir auf der **Eitorfer Straße** heraus, der wir hinab ins Zentrum folgen. Links ist eine Kirche zu sehen. An den Huwil-Werken vorbei, wo Bau-und Möbelbeschläge hergestellt werden, fahren wir über die Bröl, die auf die **Severinskirche** zu führt, die an den

Ein Ausflug in den „Tempel der Natur“

ist, aber da die Tour wegen der hügeligen Landschaft ohnehin nichts für kleine Kinder sein dürfte, sind die Teilnehmer wohl aus dem Alter raus. Fazit: Die 20 Kilometer lange Tour ist ein Genuss für die, die sich nicht bei jeder kleinen Steigung ärgern. Vom ersten Berg an der Kirche abgesehen, sind aber die meisten Steigungen für halbwegs geübte Beine und Herzen machbar. Rennradfahrer müssen ihre Maschinen wegen einiger Holperstellen stehen lassen. Ein gut geschaltetes Touren-, Trecking- oder Mountainbike ist – wie fast immer – die beste Alternative für all jene, die mit uns einen der herrlichsten, weil unberührtesten Landstriche im Rhein-Sieg-Kreis kennen lernen möchten.

früheren Kölner Bischof erinnert. An der **Vorfahrtstraße** (B 478) nach **rechts**, am **Gefallenendenkmal** vorbei, dann sind wir am Ziel. Wer möchte, kann sich noch den Märchenwald ansehen, der ausgeschildert

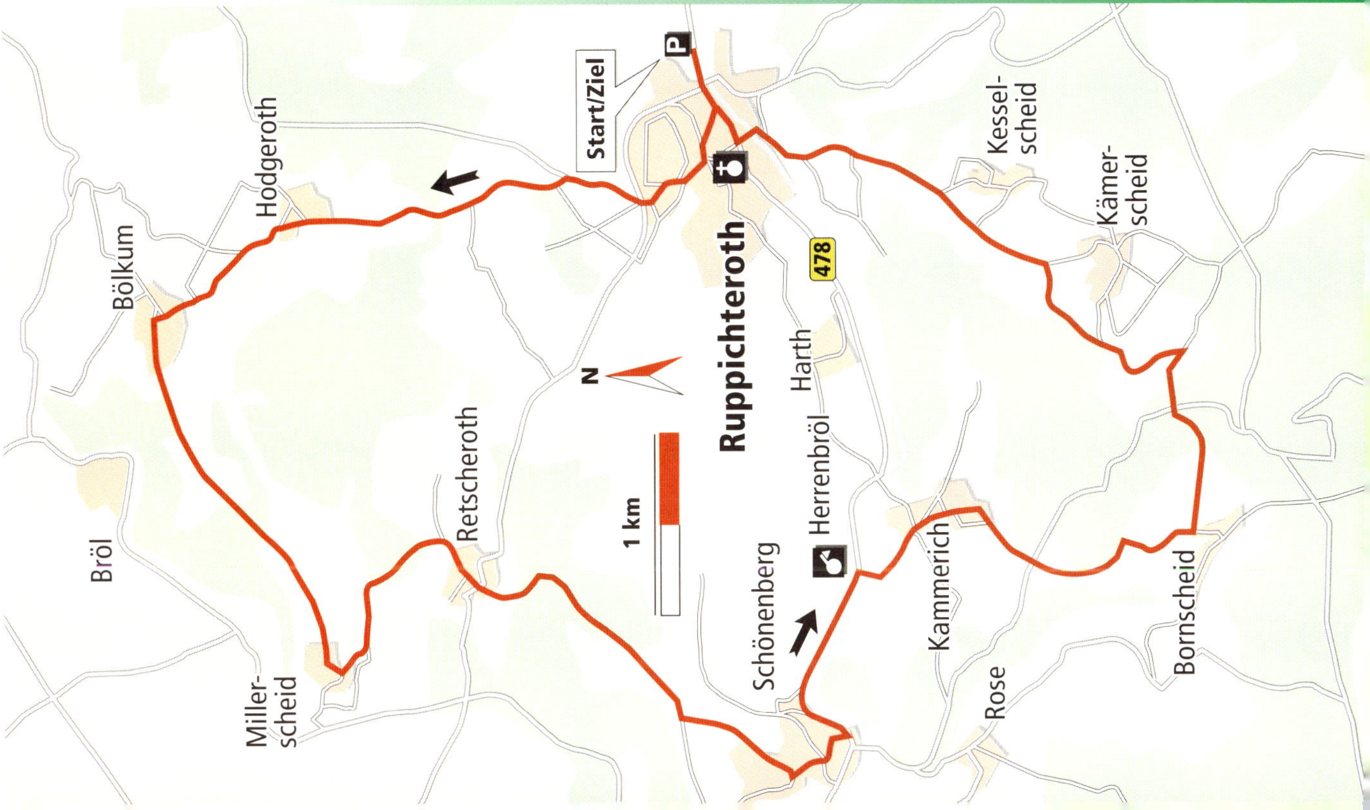
P
Start/Ziel
Hodgeroth
Bölkum
Bröl
Miller-
scheid
Retscheroth
N
1 km
Ruppichteroth
Harth
478
Herrenbröl
Schönenberg
Kammerich
Rose
Bornscheid
Kessel-
scheid
Kämer-
scheid

Tour 13: Bergauf, bergab, rund um Much

13

Strecke: 20 Kilometer

Bemerkungen: Nichts für Kinder und Anfänger

Anfahrt: Parkplatz Wahnbachtalstraße in Much

Highlights: Waldfreibad in Much, Rudern am Herrenteich

Essen und Trinken: Café Herrenteich

Wegekreuze markieren die asphaltierte Strecke

Startplatz ist der **Parkplatz Wahnbachtalstraße** direkt an der großen Shell-Tankstelle in der Nähe des Schwimmbades von **Much**. Der Weg führt **von der Tankstelle weg** über den Parkplatz, dann über eine **Brücke** und danach an der **Vorfahrtstraße rechts**. Danach direkt **links** auf den **Bockemsweg** in Richtung des herrlich gelegenen **Waldfreibads**. Von außen sehen wir schon das Beachvolleyballfeld, den großen Spielplatz, den kleinen Sprungturm und die Becken. Schwarze Schläuche sehen wir auf dem Eingangsgebäude liegen. In ihnen heizt die Sonne das Wasser fürs Bad auf. Weiter auf dem **Bockemsweg**. An der **Gabelung links** den Berg hoch, dann **rechts** dem geteerten Weg folgen, über den **Wahnbach**, am Teich vorbei und dann an der **Kreuzung geradeaus** auf dem landwirtschaftlichen Weg bergauf. Die superebene Teerdecke versöhnt uns ein wenig mit der Steigung. An der Kreuzung **geradeaus** geht es nun schnurgerade bergab, nächste Kreuzung wieder geradeaus. Nun geht es wieder ein Stückchen bergauf. Wir bleiben auf dem Teerweg. Krähen schauen dem Bauern beim Heuwenden zu. Den **ersten Teerweg**, der an einer Kreuzung **rechts** von unserem ab-

Eine Runde über den Herrenteich zur Abwechslung

Fast auf Kirchturmhöhe schweift unser Blick

geht, nehmen wir. Die Aussicht ist herrlich in dieser Passage. Weiden und Wälder um uns herum, weite Wiesen und Felder, viel Landwirtschaft und Natur, so weit das Auge reicht. Vor dem **Ortsschild von Berzbach links**. Den Spielplatz lassen wir links liegen, fahren demzufolge nicht in den Ort **Berzbach** hinein. Durch eine kleine Senke geht es nun, dann wieder bergauf und dann folgen wir dem Weg, der einen Rechtsknick beschreibt, weiter **bergauf**. Auch hier fasziniert die Landschaft uns wieder durch herrliche Ausblicke nach allen Seiten. Wir kommen am Sportplatz von **Marienfeld** vorbei. Danach gelangen wir an eine Gabelung an einem **weißen Wegekreuz**, dort **rechts** bergab, genau auf die **Kirche Mariä Himmelfahrt** zu. An der **Vorfahrtstraße rechts**, an der Kirche vorbei weiter über die Dorfstraße von Marienfeld. Wir überqueren die Kreisstraße 31, fahren dann leicht bergan **Richtung Neßhoven**. Zunächst geht es am Friedhof vorbei. Wir folgen der Teerstraße, bis es **rechts** abgeht nach **Erlen** (Schild beachten). Wir lassen uns durch das ganze Dorf bergab rollen, und auch danach geht es über eine Kreuzung geradeaus hinweg **bergab**. Der Weg schlängelt sich nun durch den Wald. An einem glucksenden **Bach** stoßen wir unten auf eine Straße, dort kurz nach **rechts** und sofort wieder nach **links** von der Straße ab. Dann gelangen wir nach **Engeld**. Immer geradeaus durch Engeld hindurch, dann an einer Gabelung **rechts**, am Anglerteich vorbei und an der nächsten Gabelung wieder **rechts** hoch nach **Hohn**. Hinter dem Kuhstall markieren Fichten ein **weißes Wegekreuz**, das jemand dem im Russland-Feldzug gefallenen Bruder Christian gewidmet hat. Dort fahren wir **links** ab. Hinter dem Ortsausgang stoßen wir auf die Landstraße 312. Die überqueren wir nur, um danach in rasanter Abfahrt durch die Felder zu brausen. An einer Gabelung **links**.

An einem uralten, verfallenen Fachwerkhaus am linken Wegesrand steht ein wenig ironisch „Das Haus stehet in Gottes Hant" – Menschen rühren offenbar keine „Hant", um das historische Gebäude zu restaurieren. Weiter geht es bis zur Kreuzung, dort **rechts** und dann lassen wir ein graues Wegekreuz links liegen und fahren bergab **aus Bennrath hinaus**. Unten im Tal an der Vorfahrtstraße **links**. Rechts vor uns liegt nun der **Herrenteich** mit dem gleichnamigen Café/Restaurant, wo als Spezialität frische Forelle angeboten wird. Man kann dort rasten und

Neugierig bestaunt das Federvieh die Radler

Weite Blicke, grüne Wiesen, Bäume am Horizont

ein Ründchen über den Teich rudern, eine ganz nette Partie.

An der gelben Telefonzelle **rechts** rein geht es Richtung **Sommerhausen**. Dort kann man am Teichufer ein schönes Pick-nick veranstalten. Dann folgen wir der geteerten Straße bergauf, bis sie einen **Rechtsknick** macht. **Geradeaus** geht es zu den **Häusern „50, 53 – 68,70“** weiter. Diesen Weg nehmen wir, lassen einen Gasspeicher rechts von uns liegen. Dann schauen uns Truthähne groß an. Weiter geradeaus hoch bis zur Gabelung **hinter dem Ortsschild**, dort **links**. Wir befinden uns nun genau auf dem Scheitel eines Bergkammes, der Blick ist herrlich. Ein Stück radeln wir so über die Höhe, dann nehmen wir den **ersten Teerweg**, der **rechts** abgeht. Dieser landwirtschaftliche Weg ist der **Radweg Nummer 13** und als solcher auch in den gängigen Radkarten eingezeichnet. Bei der kurzen, aber herrlich kühlen Abfahrt windet sich der Weg durch ein Wäldchen bis nach **Küttensiefen**. An der Vorfahrtstraße **links** auf den Radweg entlang der Bundesstraße 56, dann aber schon bald **rechts** ab Richtung **Hetzenholz**. An der Kreuzung im Ort geradeaus, dann an der Gabelung **rechts** nach Hetzenholz. Zwischen der Dorfschänke und der schönen Bruchsteinkirche hindurch, dann finden wir kurz hinter dem Ortsausgangsschild einen **Hinweis „Much 5 Kilometer“**. Diesem Wegweiser folgen wir. Die nun folgende Partie ist herrlich. Der Teerweg führt zunächst hinab, dann wieder hinauf durch den Wald, ein schönes, grünes Fleckchen Natur. Hinter dem Wald erreichen wir den **Scheidhof**, ein Fachwerkgebäude, dann kommen wir an eine Kreuzung mit einem hölzernen Wegekreuz, da **geradeaus** bergab auf den Wald zu. An einer Gabelung **links**, den Fischteich rechts liegen lassen. So fahren wir durch **Niederbruchhausen**. Hinter dem Ort an der Kreuzung **geradeaus**, nicht nach Oberbruchhausen abfahren! Nun geht es bergauf am **Kreizhof** vorbei.

Wir erreichen eine **Kapelle**, die zu Ehren des heiligen Rochus 1665 gebaut wurde, als die Pest auch um Much wütete. Rochus wurde um Beistand gegen den schwarzen Tod vielfach an dem kleinen Kapellchen angerufen. An der Kreuzung fahren wir geradeaus und gelangen über den **Kapellenweg** in eine Tempo-30-Zone. Immer geradeaus, dann stoßen wir auf eine Vorfahrtstraße, die wir überqueren und auf die **Schulstraße** fahren – ebenfalls eine Tempo-30-Zone. An der Musikschule und anderen Schulgebäuden und einer Kirche vorbei mündet die Schulstraße schließlich auf die **Klosterstraße**. Nun bergab auf die Kirche zu, weiter die Klosterstraße bergab am Jugendzentrum vorbei. So stoßen wir wieder genau auf den **Parkplatz**, von dem aus wir unsere heutige Tour begonnen haben.

Im Freibad beschließen wir den heutigen Ausflug durch eine durchaus steigungs-

Ein idyllischer Blick auf die Kirche in Ketzenhobt

Ein stiller Winkel am Rande der Route

reiche Region des Rhein-Sieg-Kreises – dem Naturpark Bergisches Land. Zwischen Kreisstraße 46 und Bundesstraße 56 liegt auch der bekannte Golfplatz nah am Mucher Zentrum. Sein Mittelpunkt ist die Burg Overbach. Die angrenzende Freizeitanlage Fatimakapelle verfügt über einen hübschen Grillplatz, Waldlehrpfad und Spielplatz. Den Grillplatz muss man vorab bei der Gemeinde Much mieten.

Die Tour ist mit Abstecher zu Golfplatz und Freibad etwas mehr als 20 Kilometer lang, ist aber nichts für Kinder und Anfänger. Man kann sie mit jedem gut geschalteten Rad bewältigen, da der Straßenbelag durchweg gut bis sehr gut ist. Die vielen, meist kurzen Steigungen muss man schließlich nicht immer fahren, man kann auch aufs Rad gestützt hochspazieren, besonders in einer so reizvollen Umgebung.

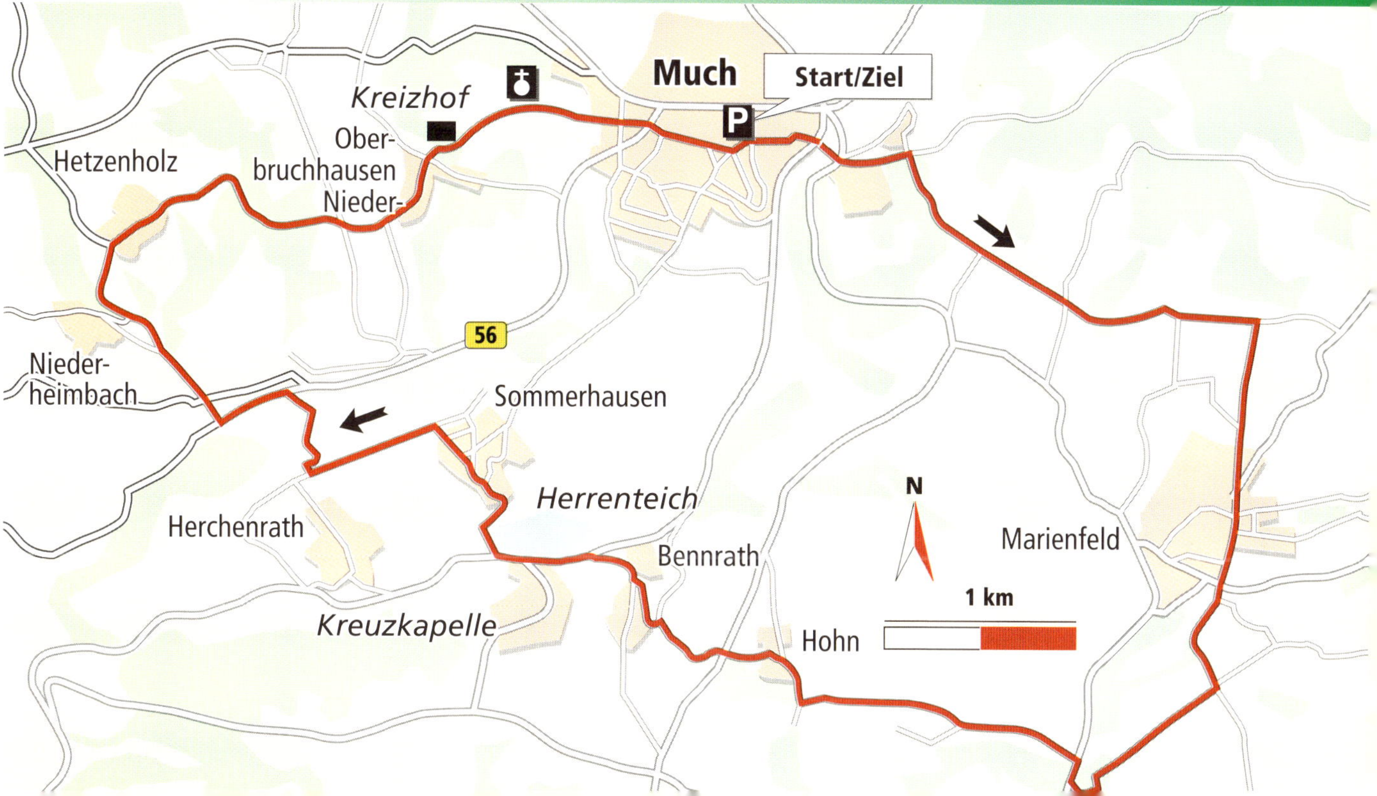
Much
Start/Ziel
Kreizhof
Ober-
bruchhausen
Nieder-
Hetzenholz
56
Nieder-
heimbach
Sommerhausen
Herrenteich
Herchenrath
Bennrath
Marienfeld
Kreuzkapelle
Hohn
N
1 km

Tour 14: Immer an der Sieg entlang

Strecke: 30 Kilometer

Anfahrt: Parkplatz am Freibad Oktopus in Siegburg, Bushaltestelle „Schwimmbad“

Highlights: Freibad Oktopus, Siegburger Stadtmuseum, Siegfähre, Sportplatz bei Meindorf, Abtei Michaelsberg

Essen und Trinken: Biergarten in den Siegauen, Grillplatz bei Meindorf

Matthias Mertens muss man kennen lernen

Nein, wir haben uns die Entscheidung zugunsten der heutigen Tour nicht leicht gemacht. Ja, natürlich wussten wir, dass schon viele Menschen an Rhein und Sieg diesen Routenvorschlag kennen. Aber wir finden: Erstens ist die Tour von Siegburg nach Troisdorf immer an der Sieg lang wunderschön – sonst wäre sie ja nicht so bekannt. Zweitens gehört der Routenvorschlag zu den absolut kindertauglichen in dieser Serie. Und drittens muss man Matthias Mertens kennen gelernt haben, sonst hat man was verpasst.

Herr Mertens ist ein geduldiger Mensch, er kann warten, er ist hilfsbereit und er hat keine Angst vor keifenden Schwanenmüttern, die ihre graue Brut verteidigen. Aber all das werden wir nach genau der Hälfte unserer heutigen Wegstrecke erfahren, die auf dem **Parkplatz** des großen und schönen **Freizeitbads Oktopus** in **Siegburg** gleich kindgerecht beginnt. Mit dem Auto sind wir auf diesem kostenlosen Parkplatz gut aufgehoben, wenn wir anschließend schwimmen gehen wollen. Eine **Bushaltestelle „Schwimmbad“** ist auch gleich vor der Oktopus-Tür – und für alle, die mit der Bahn anreisen, haben wir die Tour am Bahnhof vorbei gelegt.

Ferien „im“ Fluss

Die **Zeithstraße** hinab gelangen wir schnell ins **Siegburger Zentrum**. Die Stadt hat trotz der Nähe zu Köln und Bonn ihr Selbstbewusstsein bewahrt, strahlt im Vergleich zu benachbarten Kreisstädten viel wirtschaftliche und kulturelle Kraft aus und verfügt so ganz nebenbei über eine sehr, sehr hübsche Fußgängerzone, in die wir über die **Holzgasse** hineinfahren. Wir schlendern bis zum Marktplatz, am Gefallenendenkmal vorbei zum **Stadtmuseum**, dessen Besuch allemal lohnt, nicht nur wegen der dort gezeigten Keramik, die Siegburg schon im Mittelalter überregional bekannt machte. Vom Markt aus über die **Bahnhofsstraße**, dann **links** auf die **Poststraße**, die man als Radfahrer auch gegen die Einbahnrichtung benutzen darf. Die Gebäude der Kreissparkasse und der Post lassen wir links von uns liegen, dann gelangen wir in einem Bogen bis an eine Querstraße, auf deren gegenüberliegenden Seite wir schon den **Bahnhof** sehen. Dort fahren wir **links** ab und passieren gleich ein großes Kino-Center. An der **Bonner Straße** – das ist die erste Möglichkeit – fahren wir nach **rechts** ab durch eine Unterführung unter der Eisenbahnlinie hindurch, danach über die **Siegbrücke**. Hinter der Brücke **rechts** hinab zur Sieg und dann **flussabwärts** erst einmal **Richtung Troisdorf**. Der Radweg ist ausgeschildert.

Dass Siegburg eine beliebte Stadt ist, merkt man an dem mitunter hohen Lärmpegel. Doch wie erleichternd es ist, sich schnell davon zu entfernen. Mit jeder Kurbeldrehung ersetzen das feine Zirpen der Grillen und der leise rauschende Fahrtwind die Motorengeräusche der belebten Innenstadt. Kanufahrer winken mit ihren Paddeln zu uns herauf. Der Zwergdackel Judy indessen schaut ziemlich verängstigt aus seinem Körbchen. Kein Wunder: Ist er doch eben bei voller Fahrt herunter gesprungen. Doch alles ist gut gegangen. Herrchen hat ein wenig geschimpft, das Herzchen klopft und Judys treuen Augen muss man einfach glauben, dass sie so etwas nie wieder tun wird. Der weitere Tourverlauf ist nun einfach erklärt: Wir fahren zunächst auf einer Seite **die Sieg hinab** und dann **wieder hinauf**.

Die nun folgende Wegbeschreibung ist eine Empfehlung, man kann auch ganz anders fahren. Zunächst werden wir über eine **Umleitungsstrecke** von der Sieg weggeleitet und wieder zu ihr hingeführt. In **Troisdorf-Friedrich-Wilhelms-Hütte überqueren** wir die **Sieg** über eine **Eisenbahnbrücke**. An deren Ende muss man das Rad rechts die Treppe runtertragen, sonst wird man auf eine Straße geführt. Weiter **siegabwärts** am **rechten Ufer**. Man kann nun gemächlich über den Deich fahren.

Variante: Wir haben uns in der Nähe des Sieglarer Sees für eine etwas ruppigere, dafür aber auch spannendere Strecke entschieden. Wir bleiben in **Ufernähe** und gelangen so an den **Sieglarer See**, wo ein Rentner am Seeufer Rast macht und die Entchen füttert. Immer schmaler wird der **Seeuferweg**, der uns wieder an die Sieg zurück führt. An einer eingezäunten Weide geht es **rechts** wieder **zurück zum Deich**. Der Radweg auf der Deichkrone ist relativ neu. Rechts Pferde, links weiße Wölkchen unter dem Himmel. Ein Reiher erhebt sich ganz gemächlich in die Lüfte. Wir genießen die bislang erholsame Fahrt. An einem **Wegekreuz** mit Marienbildnis und einer **Vogelerkennungstafel** biegen wir nach **links** ab, **Richtung Siegfähre**. Jetzt geht es durch eine mächtige **Pappelallee** auf einem kleinen Deich schnurstracks zur Fähre. Bevor wir die erreichen, bezaubert uns ein kleiner **Biergarten** in den herr-

Bild Seite 112:
Ein treues Pferdeauge

An der Sieg

Gestärkt begeben wir uns zu Matthias Mertens. Der hat einen ganz seltenen Beruf: Seit über 30 Jahren ist er Fährmann. Auf seiner Gierfähre sitzt er den lieben langen Tag und wartet, bis die Gäste sich bequemen, ans andere Ufer zu fahren. Die Fähre hängt an Stahlseilen und wird nur durch die Strömung von einem Ufer zum anderen bewegt – ein urtümliches Erlebnis. Obacht ist nur vor dem Schwanenpaar geboten, das seine Brut auf den Fährsteg ausführt und jeden anzischt, der kein Brotstückchen zum Füttern dabei hat. Aber nur keine Angst: Schwäne, die zischen, beißen (meistens) nicht. Für Nachtschwärmer ist dieser Service allerdings nichts: Herr Mertens macht um 19.30 Uhr Feierabend. Dann hat er zwölfeinhalb Stunden gearbeitet.

Hinter dem **Fährsteg** geht es gleich **links** unter der **Brücke** hindurch auf einen **Wald- und Feldweg**, der zurück auf den Deich führt. Auf dem **Deich links** siegaufwärts fahren wir weiter. Bei Meindorf liegt ein richtig guter Sportplatz mit Basketballkörben, Fußballtoren und einer

Ein sprudelnder Schwall

lichen Siegauen – ein echter Tipp. Bis auf das leise Rauschen der Autos auf der nahen L 269 stört hier nichts.

Und zum Abschluss ein Bad

Grillstelle – ein idealer Ort für ein Picknick also. Ein Stück weiter müssen wir aufpassen, denn dort geht es an einer **Pferdekoppel** nach Siegburg erst **links** ab, dann macht der Weg an der Sieg einen **Rechtsknick**. Auf die Beschilderung achten! Dann gelangen wir wieder auf die Strecke, die wir von der Hinfahrt kennen. Über die **Brücke** kommen wir wieder in die **Siegburger Innenstadt**. Wir folgen der Straße bis kurz hinter das **Finanzamt**. Dort geht es **rechts hoch Richtung Exerzitienhaus** und **Abtei Michaelsberg**. An der Brühler Kreditbank und der Servatiuskirche vorbei, dann haben wir die Wahl: **rechts** hoch geht es zur **Abtei Michaelsberg oder geradeaus** auf den **Markt** zurück. Dann über die **Holzgasse** bergauf auf die **Zeithstraße** bis zum **Hallenfreibad Oktopus**, das mit der 85 Meter langen Rutsche, Strömungskanal, Fontänen und Luftsprudlern lockt. Auch ein Kleinkinderbecken mit Schiffchenkanal und Wasserspeier gibt es, außerdem Volleyballfelder. Wir lassen den Tag im Badrestaurant ausklingen, genießen Solarium und Saunalandschaft oder dümpeln ein wenig im beheizten Außenbecken herum.

Fazit: Die rund 30 Kilometer lange Familientour ist sogar mit dem Rennrad zu machen, wenn man den Holperweg um den See meidet.

Nicht nur die Pferde dürstet

N
Troisdorf
Siegburg
Start/Ziel
Bahnhof
Sieglar
59
Sieglarer See
Dreieck Sankt Augustin
560
Menden
Sieg
Müllekoven
Meindorf
Sankt Augustin
59
Dreieck Beuel
2 km
565

Tour 15: Herrliche Ausblicke auf das Siebengebirge

15

Strecke: 23 Kilometer

Bemerkungen: Schwer für Kinder, nichts für Rennräder

Anfahrt: Bahnhof Bad Godesberg

Highlights: Freibad am Rheinufer, Godesburg

Essen und Trinken: Panorama-Café auf der Godesburg, Biergärten, Weinstuben und andere Einkehrmöglichkeiten am Rheinufer

Von Bad Godesberg ins Drachenfelser Ländchen

Einige Steigungen zu Beginn und in der Mitte der Tour, dann eine wunderschön entspannende Waldpartie gefolgt von der grandiosen Aussicht auf Drachenburg, Drachenfels und Petersberg – und zum Abschluss nach langer Abfahrt ein schönes Abendessen direkt am Rhein oder ein Besuch im Freibad am Rheinufer – das ist unser heutiges Angebot für die Radtourenfreunde. Start und Ziel für alle, die mit der Bahn anreisen, ist der Bahnhof in Bad Godesberg. Wer mit dem Auto zur Tour fährt, sollte irgendwo am Rande der Strecke einsteigen, denn rund um den Godesberger Bahnhof ist Dauerparken nicht billig.

Vom Bahnhof aus über die Straße in den **Kurpark** folgen wir zunächst der ausgeschilderten **Wasserburgenroute**. Am Mammutbaum vorbei, dann über die **Koblenzer Straße** in die **Godesberger Fußgängerzone**. Wir schieben durch die moderne Innenstadt. Unser Ziel ist die **Godesburg**, die von der City aus **ausgeschildert** ist. Nachteil: Es gibt einige kleine Treppen. Man kann auch über die Straßen radeln, die Godesburg ist gut ausgeschildert und man sieht sie schließlich hoch über den Köpfen genau vor sich. In steilen Serpentinen windet der Weg sich hoch zur Burg, deren Vorgänger ein römischer Steinbau war. Anschließend wur-

Von Bad Godesberg hat man Panoramablick

Bad Godesberg ist Ausgangspunkt unserer Tour

de die Michaelskirche mit Friedhof gegründet, bis die Kölner Erzbischöfe 1210 auf die Idee kamen, eine Feste zu errichten. 1583 wurde sie zerstört und erst 1959/60 neu aufgebaut. Wer sich nicht für Geschichte interessiert, den wird die Godesburg wegen ihres fantastischen Panorama-Cafés faszinieren. Gut bedacht ist es auch an Regentagen ein feines Ausflugsziel. Wir radeln die **Serpentinen hinab**, bis wir ein **Stoppschild** erreichen, dort rechts auf die **Winterstraße** steil **bergauf**. Nach einem kurzen Stück anstrengender Steigung biegen wir nach **links** auf die **Waldburgstraße** ab. Nach einer Weile erreichen wir die **Sebastianuskapelle**, auf der steht: „Bis hierher ging die Pest im Jahre 1666." Weiter auf der Waldburgstraße, dann aber nicht der abknickenden Vorfahrtstraße bergab folgen, sondern geradeaus auf den **Feier Weg** bergauf. Wir erklimmen den Weg bis ganz zu seinem Ende zur **Axenfeldstraße**, dort **rechts** bis zur **Venner Straße** und dann **links** auf den geteerten Weg, der am Jugendzeltplatz entlang in den Wald hinein führt – der **Professorenweg**. Am Waldrand gibt es übrigens einen Parkplatz, der sich gut für Autofahrer als Einstieg eignet.

Geradeaus fahren wir in den **Wald** hinein, ignorieren nicht befestigte Waldwege und radeln eine ganze Weile, bis sich der Teerweg teilt. Dort fahren wir nach **links Richtung Villiprott/Pech**. Wieder geht es eine ganze Weile durch den Wald, der auch von Skatern, Liegeradfahrern und Wandergruppen genutzt wird. Kinder pflücken Beeren am Wegesrand. Nun ist ein wenig Konzentration gefragt. Wichtig ist, rechts unter Bäumen, eine **Schutzhütte** zu entdecken. Dahinter befindet sich eine **Kreuzung**. Dort fahren wir nach **links** auf den **befestigten Sandweg Richtung Pech** durch den Wald. Wir kommen am Sportplatz von Pech aus und fahren auf einem geteerten Weg weiter geradeaus. Der Belag wechselt später zu Schotter.

An der Gabelung, wo der Teerweg rechts abknickt, fahren wir **links** über einen **Schotterweg** in eine Siedlung hinein und sehen dort schon die Spitzen des Siebengebirges vor uns. Zur rechten Seite haben wir einen schönen Blick auf das Drachenfelser Ländchen – unser nächstes Etappenziel. Am **Nachtigallenweg rechts**. Der Nachtigallenweg wird in einem Linksknick zum Michaelsweg. An der Kreuzung **rechts** und dann geht es ganz hinab zu Tale, bis wir die **Landstraße 158** erreichen. Diese **überqueren** wir vorsichtig und fahren auf dem **Grünen Weg** auf die gegenüberliegende Seite des Tales vom Godesberger Bach, die immer noch zu Pech gehört. Wir bleiben auf dem Grünen Weg, der nun wieder bergauf führt, aber nach kurzer Zeit abflacht und in ein Bachtal mündet. Links von uns liegt der **Haselingsberg**. Hinter dem letzten Haus endet die Teerdecke, aber auch auf dem gut befestigten Schotterweg ist gut Fahren.

Der Turm der Sebastianus-Kapelle

Mit der Fähre ist man im Nu im Siebengebirge

Rechts im Gebüsch entdecken wir ein **altes Wasserwerk** aus dem Jahr 1930. Daran vorbei geht es weiter bergauf. Der Weg wird holpriger. Wir überqueren eine Straße und gelangen in freies Feld. Der befestigte Feldweg beschreibt einen **Linksbogen** und gibt plötzlich hinter einer **Brücke** den herrlichen Blick frei auf Petersberg, Drachenfels und die übrigen markanten Silhouetten des Siebengebirges. Während der Mähdrescher übers Feld fährt, genießen wir die Sonne und rollen gemächlich bis **Gimmersdorf**. Wir stoßen auf einen **Teerweg**, dort **rechts**. Halbrechts in der Ferne vor uns sehen wir das umkleidete Radioteleskop. Wir fahren an der Kreuzung **links**, aber nicht auf die Hauptstraße von

Gimmersdorf, sondern auf einen **landwirtschaftlichen Weg**, lassen Rastbank und Wegekreuz rechts liegen und radeln an einer Erdbeerplantage, einem Hühnerhof und vielen Obstbäumen vorbei am Ortsrand entlang. An der nächsten Gabelung **rechts** zur **Ließemer Straße** (K 14) hin. Dort **links**, dann durch **Ließem** hindurch.

Nun folgt der schönste Teil der Tour. Das Rad fährt ganz von alleine die kilometerlange Gefällstrecke hinab und das Siebengebirgspanorama, das wir von dieser schönen Höhe aus genießen, rückt ganz allmählich näher. Drachenburg und Petersberg sind deutlich zu erkennen. In **Bonn-Lannesdorf** hört das unangestrengte Gleiten nur vorübergehend auf. Wir folgen der Vorfahrtstraße bis an die **Ellesdorfer Straße**. Dort **links** auf den Radstreifen und sofort wieder **rechts** auf den **Floßweg**, den wir ganz hinunter fahren. Danach **rechts** auf die **Straße „Im Grieß"** und wieder **links**. Wir müssen das Werk der **Ringsdorfer Kohlenbürsten umfahren**, um zum Rhein zu gelangen. Vor den Garagen an den Hochhäusern führt ein Weg, der für Kraftfahrzeuge gesperrt ist, **links Richtung Schienen**. Bis ganz an die Gleise heran fahren wir, dann **links** zwischen Gleisen und Fabrik hindurch (den Jägerzaun zur Rechten). Kurz vor dem **Mehlemer Bahnhof** rechts, dort **überqueren** wir die **Gleise Richtung Rhein**. Die Sonne strahlt auf den Petersberg. Wir gelangen an eine Ampel und überqueren nun die **Remagener**

Begegnungen am Rhein

Gute Wege erleichtern die Strampelei

Straße (am besten auf der linken Seite). Danach geht es durch eine Tempo-30-Zone zum Rhein über die **Austraße**. Wir erreichen die **Haltestelle der Fähre**, die nach Königswinter hinüber führt. Wer möchte, kann übersetzen und einen **Abstecher zum steilen Drachenfels** machen (den fährt man aber besser mit der Bahn hoch).

Wir aber fahren rheinabwärts Richtung **Godesberg-Mitte** und kommen am **Freibad Nautilus** (mit Rheinblick) vorbei. Hier können wir die Tour ausklingen lassen, aber es gibt noch zahlreiche andere tolle Gelegenheiten, denn an Biergärten, Weinstuben und anderen Einkehrmöglichkeiten am Rheinufer mangelt es auf dieser Passage nicht. An der nächsten **Fährstelle** (Schnellfähre Siebengebirge) **links** hoch ist der Weg zum **Godesberger Bahnhof** ausgeschildert. Wir fahren dazu durchs schöne Villenviertel – und zum Glück gibt es in einigen dieser Gebäude auch noch Einkehrmöglichkeiten. Durch eine **Unterführung** geht es zum Abschluss, dann halten wir uns **links** und erreichen so den **Bahnhof**. Die 23 Kilometer lange Tour ist für Kinder sicher ein wenig schwer. Für Jugendliche und Erwachsene ist sie bis auf wenige Steigungen, die man ja auch schieben kann, gut machbar. Rennräder taugen wegen der unbefestigten Abschnitte nicht, dafür aber alle übrigen gut geschalteten Radtypen.

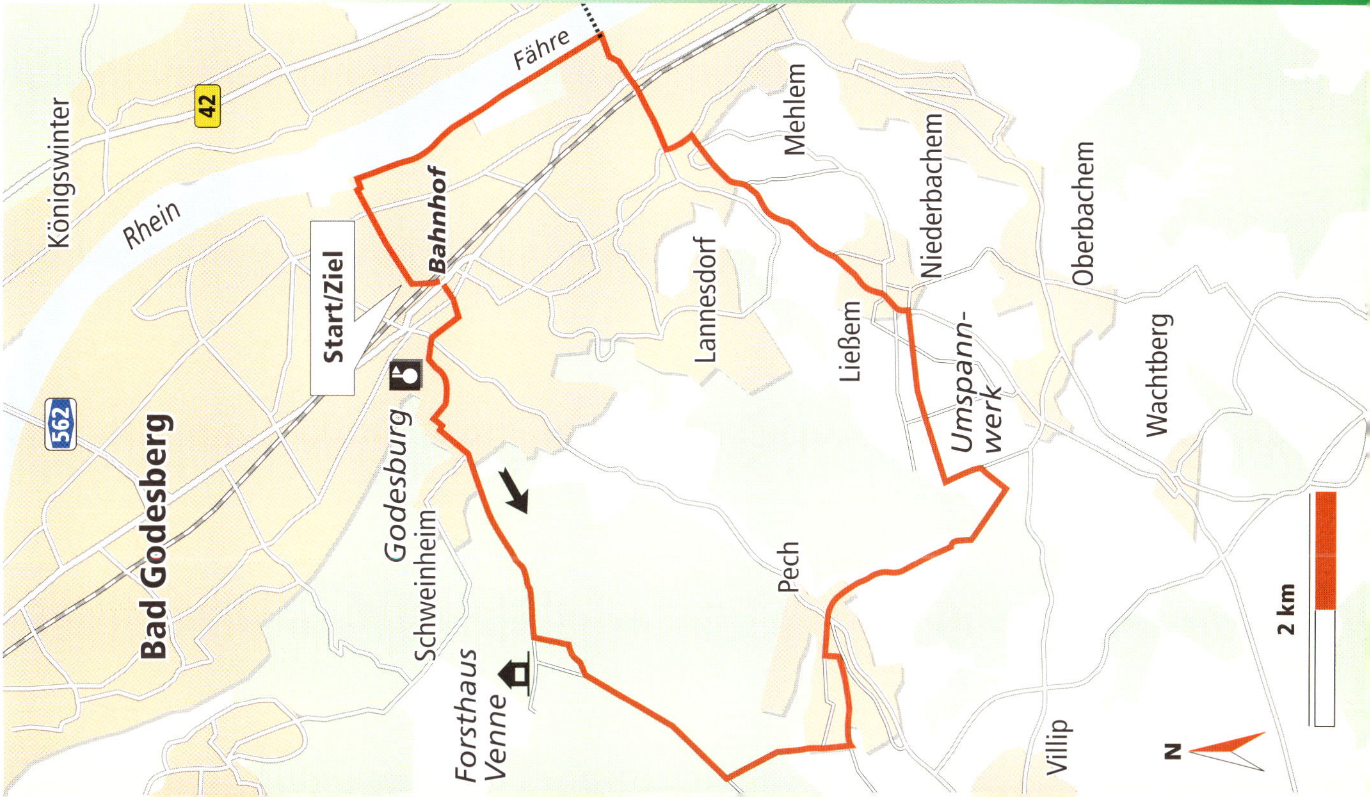
Königswinter
Rhein
42
Fähre
Bahnhof
Start/Ziel
Mehlem
Niederbachem
Oberbachem
Lannesdorf
Ließem
Umspann-
werk
Wachtberg
562
Bad Godesberg
Godesburg
Schweinheim
Forsthaus
Venne
Pech
Villip
N
2 km

Tour 16: Von Rheinbach rund um Meckenheim

Strecke: 35 Kilometer

Anfahrt: Rheinbacher Bahnhof

Highlights: Wasserburg Adendorf, Töpfereien in Adendorf, Burg Münchhausen, Burg Altendorf, Glasmuseum im Himmeroder Hof in Rheinbach, Rheinbacher Burg mit Hexenturm

Essen und Trinken: Restaurant in der Burg Münchhausen, Biergärten, Weinstuben in der Rheinbacher City

Zu Burgen, Bäumen, Glas- und Töpferkunst

Eine ganze Reihe Burgen, Pferde, ein Hexenturm, ein Glasmuseum, ein Töpferdorf und zum Abschluss vielleicht noch ein wenig Plantschen im Rheinbacher Wellenbad – das steht heute auf dem Programm unserer muskelschonenden Flachetappe auf der „Tour de Rhein-Sieg". Start und Ziel ist der **Rheinbacher Bahnhof**. Vom angeschlossenen Parkplatz aus am Bahnhofsgebäude vorbei, **entlang der Gleise**. Dann mündet die Straße auf die **Landstraße 163**. Die **überqueren** wir erst (wichtig) und fahren dann nach **links** auf dem **Radweg** neben der Fahrbahn über die **Eisenbahnbrücke**. Hinter der Brücke geht es einen **schmalen Weg** bergab (Vorsicht bei der Spitzkehre), dann nach **links** an den Gleisen weiter. Wir fahren nun eine ganze Weile neben den Gleisen her, und es ist nicht ganz einfach, den richtigen Punkt zum Abbiegen zu finden. Deshalb aufgepasst: Er liegt an einem **Bahnübergang**, der an einem **Hof** liegt. Dort an einer **Scheune** hinter Obstbäumen **links** genau auf die weiße Pfarrkirche von Flerzheim zu – und nicht dem grünen Radsymbol folgen, das uns weiter an den Schienen entlang führt!

Wir folgen dem Teerweg durch die Felder, **überqueren** die **Landstraße 163**. Etwas weiter geradeaus, dann am **Wegekreuz rechts** auf den

Burg Münchhausen liegt auf dem Weg

„Doppelte" Wasserburg Adendorf

Gronauweg. Nun führt der geteerte Weg geradeaus durch eine Baumschule, durch Felder bis zu einer Gabelung am **Swistbach**, dort **links**. Wir erreichen ein **nachgebautes römisches Aquädukt**, das an den Römerkanal erinnert, der Köln vor rund 1800 Jahren mit Wasser aus der Eifel versorgte. Dort **links** auf den Radweg **Richtung Lüftelberg**. Am Holzkreuz noch geradeaus, dann **vor** dem **Ortsschild rechts** auf einen **landwirtschaftlichen Teerweg**. Die erste Möglichkeit nach **links** auf die **Gartenstraße** bis zum Ende, dann rechts auf die **Kottenforststraße** (K 54). Nach einer Weile schöner Fahrt durch Feld und Flur erreichen wir den **Bahnhof Kottenforst** (auch ein möglicher Startpunkt!). Wir überqueren die Gleise und sehen den Sendemast zu unserer Linken. An einem Parkplatz fahren wir **rechts** auf einen Teerweg, der kilometerweit durch den Wald führt. Das ist der **Professorenweg**, der bis nach Bad Godesberg führt. Wir aber **unterqueren** die **Autobahn 565** und **überqueren** die **Landstraße 261**. Dann wieder geradeaus in den Wald. Vor dem gelben Forsthäuschen steht die **„Kaisereiche"**. Sie wurde 1879 von Prinz Wilhelm von Preußen „eigenhändig" gepflanzt, wie es an dem mächtigen Baum stolz aufgeschrieben steht. Dort fahren wir nach **rechts** in **Richtung Merl** immer weiter dem Weg nach, bis er auf einen **Schotterweg** mündet, der ganz bis an die Autobahn 565 führt (wir benutzen nicht die Brücke über die Autobahn). Der Schotterweg bringt uns bis zu einem **Parkplatz** an der Landstraße 158 (auch ein prima Startpunkt, da gleich neben der Autobahnabfahrt). Nach **rechts** durch das **grüne Eisentor**, dann überqueren wir die viel befahrene **Landstraße 158**. Wir öffnen uns selbst das **grüne Eisentor** neben der Schranke und fahren auf den **Waldweg**. Immer geradeaus führt der Weg in den herrlichen Mischwald hinein. Wir kommen an ein **Wegekreuz** aus blau gestrichenem Holz und fahren **geradeaus** weiter. An der nächsten Gabelung **links** und dann geradeaus in eine Siedlung hinein auf die **Pfarrer-Dr.-Hoffmann-Straße**. **Links** auf die **Schützenstraße** ganz ins **Zentrum von Adendorf** hinab. Wir erreichen die Durchgangsstraße, überqueren sie und fahren **links** an der Kirche vorbei auf die **Georg-von-Loe-Straße**, die wir bis zu ihrem Ende durchradeln. So gelangen wir zu der prächtigen **Wasserburg Adendorf**, die im 14. Jahrhundert erbaut und im 17. Jahrhundert umgebaut wurde. Heute ist sie in Privatbesitz. Falken sitzen unter den Obstbäumen und schlagen dort Mäuse. Viele dicke Karpfen recken ihre fleischigen Mäuler an die Wasseroberfläche.

Zurück an der Straße biegen wir nach **rechts** ab, um die Burg zu umrunden. Am **Wegekreuz ganz rechts** auf den **Teerfeldweg**. An den drei Eichen und dem nächsten **Wegekreuz rechts** auf die **Kreisstraße 64** zurück zum Töpferdorf. Am Ortseingang finden sich zahlreiche Wer-

Licht bricht sich in hohen Bäumen

Nostalgische Laterne

betafeln, die auf die Töpfereien hinweisen, die es in **Adendorf** seit 1743 gibt. Töpfer kamen Mitte des 18. Jahrhunderts aus dem Kannebäckerland in die Nähe der Burg, wo sie Ton und Holz reichlich vorfanden. Besichtigungen der Töpfereien sind möglich. Gleich am Stromtürmchen **links** auf die **Erhard-Fischer-Straße** (Zone-30), die wir bis zu ihrem Ende durchfahren. **Links** auf den Radweg **Richtung Meckenheim** entlang der **Landstraße 123**. Links sehen wir schon unser nächstes Ziel: **Burg Münchhausen**, früher Munichhausen, was so viel bedeutet wie „die Häuser der Mönche". Eine zutreffende Beschreibung, denn die Burg gehörte Prümer Mönchen. Über eine Anlieger-frei-Straße erreichen wir die Burg, fahren mitten hindurch, sehen Ställe, eine Reithalle, ein Restaurant und Koppeln eines Reitstalls. Ein schöner Ort zum Rasten.

Der Teerweg führt **weiter** bis ganz dicht an die **Autobahn 565** und dann in einem scharfen **Linksbogen** von ihr weg auf ein kurzes Stück feinen Schotter vor einer Brücke. In einer 180-Grad-Kehre gelangen wir auf die **Brücke**, **überqueren** die **Autobahn** und fahren gleich anschließend **links** und dann schnurgerade durch ein **Baumschulengelände** auf einem exzellenten Teerweg. Wir **überqueren** die **Landstraße 81** und achten auf Raser. Dann geradeaus und später auf eine **Brücke** über die **Autobahn 61**. Anschließend die erste Möglichkeit **rechts** an einer **Kreuzung im Feld bei Altendorf**. Die Straße heißt **Krötenpfuhl** und mündet auf die Ahrstraße, die wir überqueren und in die Anliegerstraße **Roßkamp** hineinfahren. **Rechts** geht es über eine **Holzbrücke** zur **Burg Altendorf**, einer früheren Wasserburg, von der heute aber nur noch ein Herrenhaus übrig ist, das von der Gemeinde für kulturelle Zwecke und Feiern genutzt wird. An der **Telefonzelle rechts** auf die Hauptstraße an der Gaststätte „Zur Post" vorbei, dort **rechts** auf die **Burgstraße**. An der **Vorfahrtstraße links Richtung Rheinbach** auf die **L 471**, der wir bis hinter die spitzwinklige **Jakobskirche** von Ersdorf folgen. Direkt hinter der Kirche **links** in die Zone-30 hinein (**Oberdorfstraße, später An den Birken**). Ein verwittertes Wegekreuz lassen wir rechts liegen und fahren immer geradeaus auf einen landwirtschaftlichen Weg mitten durch eine der zahlreichen Obstplantagen der Region. Die weiße Kirche von Wormersdorf dient der Orientierung: Immer genau drauf zu. Am **Kirchhof** von **Wormersdorf links**, dann sofort **rechts** an der Kirche vorbei auf die **Ipplendorfer Straße**, die später in die **Floßstraße**, die wiederum in den **Ahrweg** mündet. Immer geradeaus den grünen Radsymbolen folgen an Basketball- und Spielplätzen vorbei, später an Fußball- und Tennisplätzen. Durchs Feld radeln wir auf Rheinbach zu. Kurz **vor Rheinbach** kommen wir an eine **Kreuzung**, dort **links** dem **grünen Radsymbol** folgen, nächste Gabelung **rechts**

Burg Rheinbach

Das Glasmuseum in Rheinbach

und dann nach einem weiteren Rechtsbogen geradeaus durch eine herrliche Allee mitten durch den **Rheinbacher Stadtpark Richtung Zentrum**. Links können wir einen kleinen Abstecher zum Wasserturm machen. Danach geht's weiter an einem Waldspielplatz, dem Kriegerdenkmal, dem Mädchenlyzeum vorbei bis zur **Rheinbacher Burg**, von der man noch den **Hexenturm** sehen kann. Gegenüber dem Hexenturm liegt ein Spielplatz, dahinter ein Parkplatz. Dort befindet sich das **Glasmuseum im Himmeroder Hof**, das edle Glaskunst aus verschiedenen Epochen ausstellt.

Weiter geht's über den **Parkplatz vom Hexenturm** weg. Hinter dem nächsten Turm **rechts** an Biergärten, Weinstuben und der schönen Rheinbacher City vorbei, über die große Kreuzung hinweg, dann an der **Gabelung vor der Einbahnstraße links**, zwischen Amtsgericht und Rathaus hindurch. **Links** neben dem **Notariats- und Augenarztgebäude** führt ein **Weg** hindurch, dann **links** zum **Bahnhof** zurück. Fazit: Die Strecke ist zwar 35 Kilometer lang, aber ebenso abwechslungsreich wie leicht und mit jedem Rad zu machen, außer vielleicht mit ganz empfindlicher Rennbereifung.

N
Niederdrees
266
Oberdrees
Start/Ziel
Bahnhof
Rheinbach
Burg
Flerzheim
Lüftelberg
Kaiser-
eiche
Merler
Bahn
565
Pech
Villiprott
Villip
Merl
Meckenheim
61
Adendorf
Burg
Burg
Münchhausen
Wormersdorf
Merzbach
Fritzdorf
2 km
Kreuz
Meckenheim
Irlenbusen
Ersdorf
Gelsdorf
Eckendorf
Oeverich

Serviceteil

Tour 1: Bad Honnef:

Restaurant „Altes Standesamt"

Markt 7, 53604 Bad Honnef, Tel.: 02224/7 14 48

Öffnungszeiten: 11.30 bis 14.45 Uhr und 17.30 bis 24.00 Uhr

Hotel-Restaurant Löwenburger Hof

Margartenhöhe, 53639 Königswinter, Tel.: 02223/2 44 46

Öffnungszeiten: täglich 10.00 bis 18.30 Uhr, montags Ruhetag

Grillplatz im ehemaligen Steinbruch

Anmeldung über den Verschönerungsverein für das Siebengebirge

Tel.: 0228/21 30 06

Stiftung-Bundeskanzler-Adenauer-Haus

Konrad-Adenauer-Straße 8, 53604 Bad Honnef, Tel.: 02224/92 12 34

Öffnungszeiten: dienstags bis sonntags 10.00 bis 16.30 Uhr

Führung bis 16.00 Uhr

Eintritt: frei

Freibad

Insel Grafenwerth

53604 Bad Honnef, Tel.: 02224/7 15 35

Öffnungszeiten: Mai bis September

Biergarten „Rhein-Cafe"

Insel Grafenwerth

53604 Bad Honnef, Tel.: 02224/7 15 35

Öffnungszeiten: täglich ab 17.00 Uhr, am Wochenende ab 12.00 Uhr

Tour 2: Eitorf

Hermann-Weber-Bad

Am Eichelkamp 14, 53783 Eitdorf, Tel.: 02243/9 23 05- 0

Öffnungszeiten: in der Woche 7.30 bis 21 Uhr, am Wochenende

10 bis 18 Uhr

Eintritt: Erwachsene 3.50 Euro, Kinder ab 6 Jahren 2 Euro

Tour 3: Windecker Ländchen

Freibad Rosbach

51570 Windeck/Sieg-Rosbach, Tel.: 02292/5246
Öffnungszeiten: Mai bis Oktober

Heimatmuseum Altwindeck

Im Thal Windeck, 51570 Windeck-Altwindeck, Tel.: 02292/3888
Öffnungszeiten: April bis November samstags 14.00 bis 18.00 Uhr, Sonn- und Feiertage 10.00 bis 12.00 Uhr und 14.00 bis 18.00 Uhr, Februar bis März: Son- und Feiertage 14.00 bis 18.00 Uhr

Gaststätte Burg Mauel

Preschlinallee 25, 51570 Windeck-Mauel, Tel.: 022292/6540
Öffnungszeiten: mittwochs bis samstags ab 18 Uhr, Sonn- und Feiertage ab 10.00 Uhr

Tour 4: Wahnbachtalsperre

Cafe-Restaurant „Waldesruh"

Steinbach 63, 53721 Siegburg-Seligenthal, Tel.: 02241/5 98 80
Öffnungszeiten: 16.00 bis 24.00 Uhr,
Sonn- und Feiertage 16.00 bis 24.00 Uhr

Tour 5: Lohmar

Gaststätte „Zur alten Fähre“

Brückenstr. 18, 53797 Lohmar, Tel.: 02246/4561
Öffnungszeiten: 10.00 bis 22.00 Uhr

Biergarten „Jägerhof“

Heidegraben 41, 53842 Troisdorf-Altenrath, Tel.: 02246/4338
Öffnungszeiten: montags bis freitags 11.00 bis 24.00 Uhr, samstags und sonntags 10.00 bis 24.00 Uhr, Mittwoch Ruhetag

Gaststätte Heideklause

Flughafenstraße 25, 53842 Lohmar-Altenrath, Tel. 02246/5397
Öffnungszeiten: mittwochs und freitags 16.00 bis 1.00 Uhr, sonntags 10.00 bis 14.00 Uhr und 16.00 bis 1.00 Uhr, bei gutem Wetter auch samstags geöffnet

Restaurant „Aggerschlösschen“

Schiffarthere Straße 25, 53797 Lohmar, Tel. 02206/90 99 29

Tour 6: Bornheim

Restaurant Herrenhaus Buchholz

Buchholzweg 1, 53347 Alfter, Tel. 02222/6005
Öffnungszeiten: 12.00 bis 24.00 Uhr und 18.30 bis 22.00 Uhr, Montag Ruhetag

Gasthaus Heimatblick

53332 Bornheim, Tel.: 02222/91891-0
Öffnungszeiten: 10.00 bis 24.00 Uhr, Montag Ruhetag

Hallen-und Freizeitbad Bornheim

Rilkestraße 3, 53332 Bornheim, Tel.: 02222/94 53 45
Öffnungszeiten: montags bis freitags 10.00 bis 21.30 Uhr, samstags 8.00 bis 18.00 Uhr, bis 14 Mai: sonntags 8.00 bis 13.00 Uhr, ab 15 Mai: sonntags 8.00 bis 18.00 Uhr
Eintritt: Erwachsene: 2 Stunden,2,00 Euro,
ermäßigt: 2 Stunden 2.00 Euro

Tour 7: Niederkassel

Cafe am Rathaus

Rathausplatz, 538599 Niederkassel, Tel.: 02208/1042
Öffnungszeiten: wochentags 9.30 bis 12.30 Uhr und 14.30 bis 18 Uhr, samstags 9.30 bis 12.30 Uhr, sonntags 14.00 bis 17.30 Uhr, Dienstag Ruhetag

Gaststätte Bauernstube

Berliner Str. 31, 53859 Niederkassel, Tel.: 02208/3093
Öffnungszeiten : dienstags bis sonntags 11.30 bis 14 Uhr und 17.30 bis 23 Uhr

Tour 8: Blankenberg

Restaurant Steiner Mühle

53773 Hennef/Sieg, Tel.: 02242/90 56 69
Öffnungszeiten: dienstags bis samstags 18.00 bis 23.00 Uhr, sonntags 11.30 bis 15.00 Uhr und 18.00 bis 23.00 Uhr

Tour 9: Hanfbachtal

Restaurant Steinen

Hanfbachtalstraße 96, 53773 Hennef/Sieg, Tel.: 02242/3216
Öffnungszeiten: montags bis samstags ab 18.00 Uhr, sonntags ab 11.30 Uhr

Tour 10: Troisdorf

AGGUA Schwimmbad

Aggerdamm 22, 53840 Troisdorf, Tel.: 02241/9 84 55 59

Öffnungszeiten: täglich 9.00 bis 22.00 Uhr

Tel. 02241/9845559

Öffnungszeiten: täglich 9 bis 22 Uhr

Eissporthalle Troisdorf Betriebsgesellschaft mbH

Uckendorfer Straße 135, 53844 Troisdorf/Sieglar, Tel. 02241/40 02 66

Öffnungszeiten: montags bis freitags 16.00 bis 24.00 Uhr, samstags 15.00 bis 24.00 Uhr, sonntags 10.00 bis 24.00 Uhr

Bilderbuchmuseum Burg Wissem

Burgallee 1, 53840 Troisdorf, Tel.: 02241/88 41 17

Öffnungszeiten: dienstags bis sonntags 11.00 bis 17.00 Uhr

Eintritt: Erwachsene 2.00 Euro, Kinder 50 Cent

Tour 11: Stankt Augustin

Freibad

Husarenstr. 51, 53757 Sankt Augustin, Tel.: 02241/2 90 13

Öffnungszeiten: Mai bis Oktober

Flugplatzgesellschaft Hangelar mbH

Richthofenstraße 120, 53757 Sankt Augustin, Tel.: 02241/9 27 00

„Haus der Völker und Kulturen“ der Steyle-Missionare

Arnold-Janssen-Straße 26, 53757 Sankt Augustin,

Tel.: 02241/23 74 06

Öffnungszeiten: dienstags bis sonntags 11.00 bis 17.00 Uhr

Eintritt: Erwachsene 3,50 Euro, ermäßigt 2 Euro

Tour 12: Ruppichteroth

Gaststätte-Pizzeria Picasso

Burgstraße 1, 53809 Ruppichteroth, Tel.: 02295/90 25 95
Öffnungszeiten: täglich ab 17.00 Uhr

Tour 13 Much:

Cafe/Restaurant Herrenteich

Karlskapelle 1, 53804 Much, Tel.: 02245/750
Öffnungszeiten: montags bis mittwochs ab 11.00 Uhr, freitags ab 16.00 Uhr, Donnerstag Ruhetag

Grillplatz / Freizeitanlage Fatimakapelle

Vermietung über Gemeindedeverwaltung Much
Tel.: 02245/680

Tour 14: Siegburg/ Troisdorf

Freizeitbad oktopus

Zeithstraße 110, 53721 Siegburg,
Tel.: 02241/96 99 70 oder 02241/16 55 40
Öffnungszeiten: dienstags bis freitags 7.30 bis 21 Uhr, samstags, sonntags, feiertags 8.00 bis 18.00 Uhr, Montag Ruhetag
Eintritt: Erwachsene 4,00 Euro, Jugendliche 2,00 Euro, ab 17.00 Uhr halber Preis

Stadtmuseum

Marktplatz 46, 53721 Siegburg, Tel.: 02241/969 85 10
Öffnungszeiten: dienstags bis samstags 10.00 bis 17.00 Uhr, donnerstags 10.00 bis 20.00 Uhr, sonntags 10.00 bis 18.00 Uhr
Eintritt: Erwachsene 2,00 Euro. Kinder, Schüler, Studenten 1,00 Euro, Familienkarte 3,50 Euro

Gaststätte und Biergarten „Zur Siegfähre“

Troisdorf, Tel. 0228/47 55 47
Öffnungszeiten: Fähre und Biergarten von April bis Oktober geöffnet

Tour 15: Bad Godesberg/ Wachtberg

Godesburg-Hotel

Godesberg 5, 53117 Bonn, Tel.: 0228/31 60 71

Öffnungszeiten: dienstags bis sonntags ab 11.00 Uhr

Panorama-Bad Rüngsdorf

Am Schwimmbad 8, 53179 Bonn, Tel.: 0228/9 52 73 77

Öffnungszeiten: Mai bis September

Fähre Bad Godesberg/Niederdollendorf

Bad Godesberg, Tel.: 0o228/36 22 37

Fährzeiten: montags bis samstags 6.05 bis 21.45 Uhr, sonntags 8.05 bis 21.50 Uhr

Fähre Königswinter-Bonn-Mehlem

53639 Königswinter, Tel.: 02223/2 15 95

Fährzeiten: montags bis freitags 5.45 Uhr bis 21.45 Uhr, am Wochenende 7.45 bis 21.50 Uhr

Tour 16: Rheinbach

Gaststätte Burg Münchhausen

53343 Wachtberg, Tel. 02225/94 83 69

Öffnungszeiten: dienstags bis samstags 17.00 Uhr, sonntags ab 12.00 Uhr

Glasmuseum Rheinbach

Himmeroder Wall 6, 53359 Rheinbach, Tel. 02226/142 24

Öffnungszeiten: dienstags bis freitags 10.00 bis 12.00 Uhr und 14.00 bis 17.00 Uhr, am Wochenende 11.00 bis 17.00 Uhr

Eintritt: Erwachsene 2,50 Euro, Kinder 1,00 Euro

Cafe Himmeroder Hof

Himmeroder Wall 6, 5359 Rheinbach, Tel. 02226/164 59

Öffnungszeiten: dienstags bis samstags 14.00 bis 18.00 Uhr, sonntags 10.00 bis 18.00 Uhr

BACHEM

Überall im Buchhandel!

MIT DEM FAHRRAD ZU ALTEN HÖFEN, MÜHLEN UND KAPELLEN
ISBN 3-7616-1710-0

MIT DEM FAHRRAD DURCH DEN RHEIN-KREIS NEUSS
ISBN 3-7616-1726-7

MIT DEM FAHRRAD RUND UM KÖLN
ISBN 3-7616-1601-5

MIT DEM FAHRRAD DURCH DIE EIFEL
ISBN 3-7616-1749-6

MIT DEM FAHRRAD DURCH DAS BERGISCHE UND OBERBERGISCHE LAND
ISBN 3-7616-1747-X

MIT DEM FAHRRAD DURCH DEN ERFTKREIS
ISBN 3-7616-1409-8

Jedes Buch enthält zahlreiche Abbildungen und Karten

J.P. BACHEM VERLAG
www.bachem-verlag.de

Doro und Rainer Gottwald
Alles im Wanderland
WDR FERNSEHEN
Fünfte aktualisierte Auflage
16 Touren rund um Köln
mit Wanda und Paul
Das Buch zur WDR-Reihe

Doro und Rainer Gottwald
Alles im Wanderland 2
WDR FERNSEHEN
Das Buch zur WDR-Reihe
Neue Touren
quer durchs
Rheinland mit
Wanda und Paul
J.P. BACHEM VERLAG

Doro und Rainer Gottwald
Alles im Wanderland 3
WDR FERNSEHEN
Neue Wandertouren mit
Wanda und Paul
Das Buch zur TV-Reihe
J.P. BACHEM VERLAG